都市隐私档案

暗夜 著

私小说

文匯出版社

图书在版编目(CIP)数据

都市隐私档案 / 暗夜著. —上海：文汇出版社，2010.5
(私小说)
ISBN 978-7-80741-845-0

Ⅰ.都… Ⅱ.暗… Ⅲ.短篇小说—作品集—中国—当代
Ⅳ.I247.7

中国版本图书馆 CIP 数据核字(2010)第 048985 号

都市隐私档案

作　　者 / 暗　夜

责任编辑 / 张　涛
装帧设计 / 丁　轶

出版发行 / 文匯出版社
上海市威海路 755 号
(邮政编码 200041)
经　　销 / 全国新华书店
照　　排 / 南京展望文化发展有限公司
印刷装订 / 常熟市大宏印刷有限公司
版　　次 / 2010 年 5 月第 1 版
印　　次 / 2010 年 5 月第 1 次印刷
开　　本 / 787×1092　1/32
字　　数 / 160 千
印　　张 / 7.125
印　　数 / 1—6 000

ISBN 978-7-80741-845-0
定　　价 / 18.00 元

目录

误入盗墓者的爱情迷宫

他说他沉醉于进入古墓探寻的过程，接近尸体寻找陪葬品，是他生活里最大的乐趣。但他并不爱好古玩，变卖陪葬品，也是为了生计。

1

于天明头一次来我的古玩店，是傍晚的时候。我正与男友张岩在电话里甜言蜜语。他进了店门，便从背包里拿出几件巴掌宽的陶俑放在我面前。

他的陶俑全部是普通的男仆形象，应该来自古墓的陪葬品。我仔细看了看，告诉他，最多每只120元。其实我说得价并不算高，留下了大片与他回旋的余地。不想他却点了点头，轻易地答应全部卖给我。

递给他钱的时候，我不免又仔细打量他一番，正迎上他漠然的目光。那一刻我有点愣——这是一个太英俊的男人，瘦，但是绝不尖嘴猴腮，是种英气逼人的颓废，像极了竹野内丰。

拿到钱，他并没有急着离开，而是在我的店内转来转去，在每一件古玩面前都驻足了一阵。若是往常，我定会客气地告诉顾客，要关门了，请明天再来。但是那日，我神使鬼差般地什么也没说，一直坐在店内饶有兴致地盯着他的背影，直到他离开，才起身关了店门。

没过两日，他又来了。这次，拿的是一批玉器。出于愧疚或者其他的原因，我给他开出了正常价格的1.5倍。他还是和上次一样不多言语就成交，但在临走时，却给了我一张名片。

一男一女想要走近，实在是太容易不过的事情。几天后的一个晚上，我拨通了他的电话，问他是否有空一起喝一杯。他很快就骑着红色的机车来到我的店门口，递给我头盔，交代我搂紧他的腰。

我们来到附近的酒吧，一进门，他便熟稔地与酒吧老板打招呼。坐在角落里看他与酒吧里的众男女击掌言笑的时候，我感到自己有点飘飘的，仿佛这个男人，属于我。

他后来走近我身旁坐下，抱歉自己耽误了太久，我轻轻笑着摇了摇头，说没关系。两个人于是各自喝酒。那天我们聊了很多，他告诉我，自己是靠摸金维持生活的。

摸金，其实便是盗墓的意思。但是我并不惊讶，据说这一带曾是古代都城，有很多国家尚未发掘的古墓。我从古玩店，也认识了不少盗墓者，有的虽胆小，却被盗墓的巨大利益吸引；也有古玩爱好者，为了找到真品或者寻求刺激而从事摸金。

但于天明似乎两者兼而有之，他说他沉醉于进入古墓探寻的过程，接近尸体寻找陪葬品，是他生活里最大的乐趣。但他并不爱好古玩，变卖陪葬品，也是为了生计。

我饶有兴致地问他，是否知道自己与一个日本男人很相似。他笑了笑说："金城武吗？"

我摇了摇头，一字一顿地告诉他："竹——野——内——丰。"

他似乎有些意外，盯着我看了好一会儿，突然又微笑，说："其实我第一次见到你，就觉得你很像山口百惠。"

他接着说："只可惜我像的日本男人是竹野内丰，而不是三浦友和。"

我诧异地望着他，他解释道："三浦友和，是山口百惠的爱人。"

我的脸便红了，慌乱地点头。

走出酒吧的时候，他趁着酒劲伸手搂住了我。

那一天之后，于天明便时常把他的机车骑到店门口来，手拿头盔朝我挥手。我每次总是关了店跑出去，欢天喜地地坐上他的车。

他在马路上驶得极快，我的一颗心提到嗓子眼，抱着他的手臂便紧了又紧，想求他开慢一点，却被耳旁呼呼的风声阻得开不了口，索性闭上眼睛，把头贴住他的后背不再往前看，一心想，豁出去了。

他带我去蹦极，其实是一种高空牵荡的游戏，两个人被一同绑在小车里慢慢上升至高空，然后被两端长长的铁索挟着上下荡起来，疯狂旋转。我闭着眼睛感受梦境里才有的失重，心像抽空了一般恐惧，却又欲罢不能。

2

我最终向相处了多年的张岩提出分手。在初次相识的饭店里，我点好了菜，嗫嚅着告诉他我已经爱上了别人。他并没有我想象中的歇斯底里，也没有悲痛欲绝地拉住我的手求我回头，只是木木地看着我，不知过了多久，才说了一句“你幸福就好”，便站起身来走了。

我对着一桌子冷了的饭菜愣了许久，对面的椅子上还挂着他的外套。我把电话打给于天明，等他赶到的时候，终于再也抑制不住，扑到他的怀里痛哭起来。于天明似乎明白了什么，一个劲儿地拍着我的头，却什么也不说。

临走的时候于天明说，他的外套还在这里，要不要给他送去？我拼命地摇头：“他不会要了，今天本来是我们相恋的1 000天纪念日……”

于天明一把将我搂进怀里，把脸贴在我的头发上说：“宝贝，对不起。”

我终于能够与于天明公然地出双入对，幸福感早就把对张岩的愧疚冲散得无影无踪。我甚至想，他不是说希望我幸福吗？那么现在我很幸福，他也应该没什么说的才对。

有一回与于天明的一群朋友一起吃饭，一个漂亮到惊艳的女孩喝得醉了，拉着于天明的衣服大哭，问他为什么。于天明不耐烦地推开她：“什么为什么，你有病！”

我从未见过于天明生气，吓得动也不敢动，在场的人都尴尬极了。后来有人告诉我，那个女孩就是于天明的前女友。正是因为我，于天明才与她分了手。

我感到自己对于天明，是如此的没有把握。他十二分受女人们的欢迎，而我却只是个平庸的小女人，我们的生活除了古玩，甚至没有任何的交集。然而每次盘根究底地问于天明究竟爱我的什么，他总是温柔地捧起我的脸说："爱就是爱，不为什么。"

3

我沉醉于于天明带给我的一切，也尽力地想要抵达他的世界。终于有一天，我求他带我一起去盗墓。

盗墓这个话题，我们以前几乎从不触及，那是他的秘密，也是我的恐惧和心悸。但是现在，我想要彻底地融入这个男人的生活，就无法逃避他的这一部分的经历。

出乎意料地，他只犹豫了一秒钟，便点头说："好。"

我们把时间定在三天后。他说，他已经在郊区发现了一座古墓遗址，等他把穴道挖好，就带我一起下去找古物。

我在忐忑和激动中度过了三天，直到和于天明一起走到了郊区，还恍惚地以为自己是在梦中。

于天明的盗洞从一个小山洞里深入，窄得只容得下一个人爬行。于天明给我戴上氧气罩，嘱咐我跟在他身后匍匐着向前蠕动，穴道里一片黑暗，我却能感觉到泥壁压迫着我的每根神经。不知过了多久，泥壁总算到了尽头。我借着于天明手中手电的光线，恍恍惚惚感觉到前面是个坡度。于天明下去了之后，把我从穴道里拖出。

我站立稳了，用手电筒向四周一照，发觉这里是个地下窑洞似的地方，手电在这里只照得到几尺的地方，到处是不可知的黑暗。我不禁悚然，有些后悔提出和他一起进古墓。然而他并不顾及我，径直把着手电便往前走了。

我看着他的手电筒灯光越来弱，着急地想跟上他却怎么也迈不开脚步，只觉得大脑昏昏沉沉一片，接着就什么也不知道了。

醒来的时候，自己躺在医院，脸上的氧气罩正咕噜咕噜响着。坐在自己身旁的却并不是于天明，而是张岩。

“于天明呢?”我一下子坐起来，“他没事吧?”

“我也在找呢。”张岩冷笑。

我慌了神，一把抓住他的衣服：“你们没有找到他?他明明就和我在一起啊!”

张岩撸开我的手，“你的氧气罩被他做了手脚，他从你的店里往外运古玩的时候被我抓到，还嘴硬到死。”他顿了顿，“你差点死在那个地窖里……变成一个永远的谜。”

张岩盯着我看，眼泪慢慢从眼眶涌出来。我呆呆地垂下手，砰的一声，躺回床上。

这真是一个完美的计划。英俊却潦倒的盗墓贼为了利用古玩发一笔横财，故意结识古玩店女店主，对她百般温存只为有朝一日以共同盗墓为由，把她骗入不知名的地方令她窒息而死。甚至不用自己动手，就处理掉一条生命，然后可以霸占她的所有古玩，直接逃之夭夭。

自始至终，我都一步步按照他的计划进行着，没有半点闪失。

可是张岩，竟然在分手之后，租了间房子于我的店铺对面，每日看着我与于天明进进出出。想来那时的我是被于天明遮蔽了双眼，连住在对面的张岩竟也没发觉。于天明连张岩的面也未见过，又怎会想到自己的棋局坏在他的手里？

这一场游戏，只有张岩是旁观者。我与于天明各自投身其中演绎，却都是崩盘。

4

两天后，张岩拉着我的手回到了古玩店。“我把你的东西都照以前的样子摆好了，你看看。”

我抚着玻璃柜匆匆走过，不住地点头。我想说“张岩对不起”，可是话未出口，泪就簌簌落了下来。张岩的眼睛也红红的，他说：“刘采，你就当是做了场噩梦吧，噩梦醒了，就回到我身边，好不好？”

我拼命地点头。

几名警官走进来，说对不起打扰一下，我们是于天明盗墓及谋杀案的负责人，想找你们了解一些情况……

我和张岩把于天明曾经卖来的古玩全部交给了警方。我向警方详细地讲述那天在盗洞里发生的一切时，张岩握着我的手紧了又紧。

临走的时候，一位胖胖的警官笑眯眯地拍了拍我，“其实那个地方，根本就是个窑洞，于天明也没盗过墓，就是个初中毕业的小骗子。他卖给你的这些东西，全是在其他古玩商手里买的。”

我的心，终于轰然松软下去，所谓的墓室，所谓的摸金，都是于天明为加害我编造出的借口，真的如此，我连墓室噩梦也不曾有过。只是一场，缺氧于窑洞的小小谋杀。

几个月后，于天明被多宗罪压身，判了死刑。我与张岩在法庭上见到他，宣布结果的那一刻，他的脸上一如我们第一次对视时的漠然。

然而旁听席上响起那个漂亮女孩尖锐的哭声，她晕倒了，被周围的人们手忙脚乱地拖下去。

在他一心一意算计着我的时候，一定也曾不止一次规划他们的未来——带着我所有的古玩远走他乡，过上富足安定的生活。

只是这样鲜血淋漓的爱情，最终不能绽放。私

一个出轨“驴友”的惊魂之旅

傍晚的时分在山麓看到一个小山村。

“今晚，我们就在那里借宿。”看到王浩的兴奋，我并不在意，只是有点纳闷……

1

秦肖又将归期推迟了,这已经是第三次他在电话里这样说了。可这次,失去了耐性的我和他吵了起来。

网上,QQ消息响声一片。一个叫“自然人”的留言:“穿越辽阔的苍凉——徒步穿越南山活动召集”,我竟然不知道自己何时有了这样一个好友,点开链接,竟然是一个“驴友网”,那些旖旎瑰丽的风景一下子就吸引了我。出门旅游本来就是放松身心的时尚体验,更何况,自己面对的又是一个相思遥遥无期?

自然人名叫陈金宇,这个晒得一脸黝黑的男孩和驴友们都背着鼓鼓囊囊的一大包行囊,而我,虽然准备了服装、背包、水具、太阳眼镜等,和他们比,却像幼稚的小孩。

陈金宇安慰我:“没事,有我呢。”一路上,陈金宇一边告诉我注意事项,一边给我讲解“驴友”的意义。一个下坡中,因为过多地关注陈金宇,我不小心扭伤了脚,陈金宇赶快让我坐下来,用手蘸了红花油,小心地替我按摩伤处,满眼的怜爱里也多了层意味深长的内容。

找到宿营地后,他帮我支起了帐篷,我感觉到陈金宇是在变魔术,那么个书本大小的折叠软体冰箱里面,拿出软体饮料。然后,他又从自己的储物运动鞋里面掏出药品、除蚊剂之类的东西。

夜,静谧下来。陈金宇给我熬了冰糖银耳汤,说:“你体力消耗过大,得补补才行。”甜甜滑滑的汤,带着温润。恍然中我觉得有什么东西开始在体内流窜,如一把火苗嗞嗞地燃烧,仿佛和秦肖在一起,他的吻如雨点般落在我的额头、颈间、胸前……柔软的手指恰到好处地掠过我或山峦,或幽谷的每一处。

我轻如落叶,失去了重量。虽然鼻息间闻到的是陌生的体味,脑海里却似有一个执拗的小精灵,让我的欲望无法停止。

在我小小帐篷里,是陈金宇的手在我身上沾满柔情地游动,我的感觉越来越好,那种半醉不醉的眩晕感,我们缠绵纠结,发烫的身体点燃了整个暗夜,他的身体越加坚挺强健,旁边就是别人的帐篷,我差点叫出声来,残存的意识中,我只能在喘息里享受飞翔的快乐。

当排山倒海般的兴奋渐渐平息,他仍紧紧地搂住我,一如我,在那份紧密中其实隐着更多的,是深深的歉意。自从父亲出了那事之后,我发觉自己的性格变得有些偏执。

在别人眼里,离异的父亲是那般猥琐,不仅性子乖舛,还在我 16 岁那年做下了为人不齿之事,毁掉了一位女孩子的贞洁。从此,我就生活在别人的白眼和不屑中,直到秦肖的出现。

陈金宇回了自己的帐篷,悔恨和激情的余温交织在一起,在我的胸腔里纠结成一团乱麻。可又憧憬着接下来的行程,自己的心里装满了快乐。

秦肖总算带着一大堆给我的礼物出现在面前。从他深深浅浅的内疚中,我看到了自己的一丝张皇。他就像一个贪婪的孩子,拼命吮吸啃咬着我,带着汹涌澎湃而至的身体炙渴。

身体还是那样熟稔,他的唇沿着我的曲线一路向下,每次亲吻,都让我的心里颤抖,我明显感觉到激情的溃退。是旅行的劳累,还是感情的疲惫?却不得而知。

七天,仅仅七天,秦肖满怀依恋地又走了。这七天里,虽然空气都时刻残存着暧昧,我的心却无端地酸楚。是的,秦肖能给予自己身体的享受,总是短暂得紧,这次,我还有点味同嚼蜡。

2

陈金宇开始不停地给我安慰,QQ、电子邮件、短信、电话,半宿一宿地执著。那种细微和体贴，让我的心潮一次次起伏。当他再次向我发出召唤时，我体会到了惊诧中的迫不及待。

和上次不同，这次的队伍少到只有三人。除了我和陈金宇，还有一个叫王浩的黑汉子，他左脸颊一道长长的刀疤恐怖又狰狞，眼睛里总是闪射着冷酷。看出了我的紧张，陈金宇告诉我，王浩是很有野外经验的“头驴”，有了他，很多困难可以迎刃而解。

坐了一天一夜的火车，中午我们来到一个偏僻的小镇，终于，傍晚的时分在山麓看到一个小山村。“今晚，我们就在那里借宿。”看到王浩的兴奋，我并不在意，只是有点纳闷。

“山里野兽多，帐篷不安全。”陈金宇解释，所有的疑虑顿消。

院落里只有一老一少两个男性，陈金宇称老的为孙伯，他的儿子孙柱却一直端坐桌前不动。陈金宇他们出去了，说是安排房间，我感觉到孙柱的目光像锥子，锥得我坐立不安。陈金宇和孙伯在外屋小声地说话，外面是呼呼的风声，和着松涛阵阵，间或，传来一两声夜鸟走禽的凄惨叫声。

晚餐吃的是腊野味，很香。孙伯很殷勤给王浩陈金宇不停地劝酒，也许是累了，放下碗没多久，我就困得睁不开眼睛。

朦胧中，陈金宇将我抱在怀里，迫不及待地压上来，我在心里说着，别急别急，我是一朵正等待着你滋润的花朵，正悄悄地向你展露着最娇嫩的花蕊。可是，没等来上次的美好，却感觉到他生硬地闯入，伴随着些微不适，在大山般的沉重中，我陷入窒息的昏睡。

睁开眼，看着陌生的房间有些恍惚，自己的衣服凌乱地扔在一边，我推一下脸朝外的陈金宇，他一扭头，我就像被电击中了一样：他竟然是孙柱。

气愤中我一脚踹过去，孙柱滚落到地下，我这才发现，他的一条裤管竟然空空荡荡，怪不得他昨天一直端坐不动。

我大声地叫陈金宇，孙柱从地上爬起来冷冷地说："别叫了，他们早走了。"我又急又羞又怒："你，你无耻！"

胡乱地套上衣服，我刚冲到门前，门开了，孙伯探进头来："闺女，这事你不是同意的吗？"

"我同意什么了？"我惊叫起来，孙伯说："我给你哥 1 万块钱，你做柱子媳妇呀。"

什么？陈金宇竟然做下这等伤天害理之事？不信，打死我也不信，想到自认识后他对自己的关心，是那般细腻、体贴，他却利用了我的信任欺骗了我，我想不通他这般卑鄙行径的理由，他不缺钱，心眼也不坏……

但眼前的事实让我无从辩驳，止住心头的纷乱，我试图说服孙家父子，孙伯的心理防线开始松动，可孙柱把脸一变："你少说废话，你是我买回来的媳妇，放你走我到哪去找这么水灵的女人？"边说边把孙伯推出门去。

"闺女，认命吧。等你有了娃，这个家就由你做主了。"孙伯边说边锁上门出去了，任我如何哭闹都无济于事。

满情期待的艳遇，竟然以牺牲自己的人身自由和屈辱为代价，这太昂贵了。我怎么也想不到陈金宇是如此有心机，在自己毫无防备时给予当头一棒，将我送入万劫不复的地狱。

孙伯送饭进来，劝我吃，我无动于衷，孙柱却旁若无人地大块朵硕，还喝着小酒，哼着小调。

夜幕很快就又降临了。我拒绝睡觉，更拒绝孙柱的靠近，他想使横，但残缺的肢体让他无法得逞。折腾到半夜，他终于恼羞成怒，挥起拳头将我打倒在地上，然后撕去我的衣服，就在冰凉的地上蛮横地侵入我的身体，恣意地冲撞。

泪，无声地淌出眼眶，带着悔带着痛。

3

我开始寻求自救。可是，门总是上着锁，而且孙柱就像影子一样盯在我身边，好几次，我想趁他熟睡时摸出门去，但门一响，院子里的狗总忠实地狂叫着，让我的计划一次次泡汤。

我曾许诺孙柱，给他多一倍甚至于更多的钱，放我走，但他不同意。从他们父子的谈话中，我知道孙柱的腿是在一次狩猎中摔断的，因为身体的原因，迟迟娶不上女人，才花钱买媳妇，而我，恰恰因为认识了陈金宇，成为这个不幸的女人。

日子在屈辱和胁迫中流逝，从当初的伺机逃跑，得到一次次毒打辱骂，无望就像春天的野草在心头滋长，虽然，逃离的念头一刻未断，我还是渐渐屈服于现实。

庆幸的是，三个月过去了，虽然孙柱夜夜缠在我身上，可我丝毫没有怀孕的迹象。我心中暗喜，这样，或许他们最终会放过自己。

一天，孙柱破天荒地出门去了，第二天天黑时才一脸沮丧地回来，似乎遭遇了什么挺为难的事。那天，懒散的他竟然没有碰我一个手指头，只是不住地叹气，有时，还和孙伯发生激烈的争吵，似乎是孙伯不愿意帮他做什么事。

这些，对我都不重要。在他们父子相争的时候，我可以静静地坐在一隅，想秦肖，想我们曾经的美好，点点滴滴。对秦肖的回忆和内心的不屈服，已成为自己生存下去的唯一动力。

一个星期后的晚上，吃过晚饭后，孙伯来到我们房间，孙柱第一次对我好言相待，我有些惊讶，可说到最后，我终于明白了他的意思，他要让我向他的父亲"借种"。

原来这些天他们背着我嘀嘀咕咕，竟然是因为孙柱检查出有男性不育在烦恼。我没有想到，传宗接代在这个小山村里会是如此根深蒂固。我更没有料到,孙家父子为了一己私念,会上演一出父代子孕的丑剧。

我当然不从。

“从不从容不得你!”孙柱恢复了以往的凶恶,他又一次粗暴地撕开我的衣服,让猝不及防的我光洁的上身一下子袒胸露腹。“来呀,快来呀,这种事总不要我教了吧?”孙柱嘴里满是忧愤,看得出他的心理也不好受。

孙伯显得很畏缩,他的手很老实,只是停在我的腰部,身体也显得拘束。孙柱按住一直在进行不屈挣扎顽抗的我,还帮着用手去分开我的双腿,他再次怒吼起来:“你是存心想让我一辈子抬不起头来么?”

女性隐私的袒露很自然地激起了孙伯男人的本能,在我的哭喊和颤抖中,当着儿子的面,孙伯生硬地在我身上起起伏伏。毫无欲望的身体撕心裂肺地胀疼,这一切,已不是屈辱两个字所能形容的感觉了。如果说孙柱对自己的强硬态度是强奸,那么现在,只能算是纯粹的动物似的交配,甚至于失去了被评说为乱伦的资格。

我软弱的泪水再次横流在那个无尽的暗夜,无奈地承受着这种简单直接的所谓接种。那一刻,我想到死,唯如此,才能摆脱一次次降临的厄运。只是,内心隐隐的不甘给了些许存活的勇气。

似乎孙柱知道怀孕不是三两回的事,于是,荒诞的一幕一次次地上演着:有时,我是孙柱的女人,得责无旁贷地顺从他;有时,我是配种的机器,得为孙家开启生育的大门。

孙伯似乎也对我的身体上了瘾,竟然会在白天将我拉进他的房间。

第一次躺在孙伯的床上,在被动承受的耻辱中,我一扭头,发现他床头摆着一台电话机。心，就那么突兀的跳跃起来。我开始软化僵硬的身体，第一次充满柔软地迎合着他，孙伯的眼里闪出了惊喜，一次次，让他在云雾中翻腾。

他终于还是累坏了。在他的浅睡中，我悄悄拿起话筒，拨号。好几次，因为紧张功败垂成。当那熟悉的彩铃响起，我机敏地轻轻挂断了。

我祈祷上苍，不要忽略自己这千载难逢的一次机会。

4

果然不出所料，一直在疯狂寻找我的秦肖没有忽视那个神秘的未接电话。几天后，在我呆在那个偏僻小村满四个月之际，一辆警车停在院子前，我被成功解救出来。被一同带走的，还有孙家父子。

回到久别的都市，重新依偎在温暖的怀抱，走在阳光明媚的街头，我有种恍若隔世之感。

不久，警察告诉我，在看守所的陈金宇带给我一句话，“我不后悔，这是她应得的报应！这叫父债女还！”

刹那时，我明白，所有的一切，在父亲伤害别人时，就已经种下了苦果，只不过，陈金宇选择了自己作为一颗报复的棋子，让我备受磨难……私

汽车旅馆应召女郎复仇记

我从壁橱里拿出刀,用力地捅向他。他甚至没有力气去嘶喊,我像魔鬼一样,高高地扬起刀,一刀又一刀……

1

我眯起眼，看着远处白花花的路面，手掌搭起凉棚眺望。每经过一辆卡车，我就热情地伸出手招呼，揽客是我的任务。再远处便是连绵的青山。

我在这家汽车旅馆工作，已经将近一年。谁也不知道，一年前，我在深圳有份令人羡慕的工作，是个每天待在空调房里的小白领。

我早就学会和大多数在偏僻地带的汽车旅馆服务员一样，穿着艳俗的吊带衫，站在道路旁边，伸出胳膊，拿着停车吃饭的牌子招揽这些卡车司机来店内就餐。我家的生意特别好，因为我和其他乡村的服务员不一样，我的手臂圆润雪白，身材凹凸有致。

我到客家汽车旅馆应聘的时候，老板成和端看了我许久，连问了几次："小姐，你是不是开玩笑。"得到我的肯定答案后，他小心翼翼地把我迎进内房，带我看服务员的房间。

我看得出，他已经努力带我去看了最好的房间，可是墙角依旧挂满蜘蛛网，橙黄的木版床上放着灰色的被褥。我捂着鼻子冲他笑笑，说了句："成。"他咧开嘴笑，露出发黄的牙齿。

成和说我是他的福星，自从我出现在客家旅馆之后，他的生意好了很多。回头客多了起来，基本上每个月都有专门点名找我的客车司机。我摇曳着腰肢走下楼梯，看着在大堂中间起哄的卡车司机，腼腆地笑笑。

情欲，是人的本性，这些在深山中开长途车的卡车司机，到了客家旅馆，看我的眼神，个个要喷出火。在穷乡僻壤，出卖肉体是很平常的事情，这里的交易比繁华霓虹灯下的更加赤裸裸。

跑老线的卡车司机往往有固定的相好，到了旅馆，停车吃饭，住上一夜，唤上自己的老情人，缠绵一夜，回味一路。这里的女子，有勾人的本领，常常有些卡车司机为了一个女人倾家荡产。

成和直着眼睛对我说："看起来你不是吃这碗饭的人。"我抿着嘴笑，不回答。他看着我蓝色T恤下饱满的身体，喉结动了动，说："你做了可不要后悔。"我的眼睛却是漂向大厅中一群用色迷迷的眼神看着我的司机，听着他们轻佻的荤笑话。他们黝黑，肌肉结实，赤裸着上身，握着酒瓶干杯。

我拿起一扎啤酒，深呼吸，走向人群，他们吹着口哨，打着响指，从我手中拿酒的时候不忘在我屁股上拍一巴掌。我笑着躲闪，眼睛中含着泪水，在灯光下亮晶晶的。

他们只是笑，热情高涨地喝酒，最后干脆有人对着成和喊："这妞，我要了！"成和看看我，点头，是的，他早就告诉过我，汽车旅馆，仗着天高皇帝远，没有执法部门到这样偏远的山村查封，一直做着色情交易。当然，这也是本地女子提高收入的重要途径。

我看着他们一个个抬高价钱，成和忽然说了句："人家可是大学生！"人群中一阵沉默，忽然有人拍了桌子，大声说："老子这辈子没玩过大学生，豁出去了，2 000！"其他人马上开始哄笑，"2 000？摸摸小手都不干，我出5 000！"

我躲闪着，看着他们笑，有个矮个子男人站起来，拉过我的手，抚摩了一阵，一字一句说："10万！"他顿了顿，又说："一个月。"他的意思是他来回的路上，我不许再跟其他人，算起来，只有三天。我们在众人的调笑声中走向房间。

10万现金，结结实实地摆在桌子上，我一进房间，就拿出个验钞机嘟嘟地数钞票。他惊讶地看着我，笑着说："都是真的，你是大学生，你要嫌麻烦，我到了省城给你开账户，我定期存钱进去。”我只顾数钞票，数完后锁进床底的密码箱。

我早就和成和谈好条件，招揽客人卖出的酒水食物，我不要提成，但是我要所有我靠自己赚的钱，他一点分成也不能要，他还要负责我的安全。

“春宵一刻值万金啊！”他抱住我，嘿嘿地笑，我知道，他不是卡车司机，是带队的老板，十辆卡车，一辆去一趟山西，就能拉回几百万，10 万算得了什么，而且只需要陪他三天，半个月都被买断，很划算。

我早就不是处女，不会羞涩，或许我可以专门钩住这条大鱼，我使出了浑身解数。到最后，他满意舒了口气，起身靠在床上抽烟，他摸着我光滑的皮肤，忽然对我说：“我带你回城吧，这里不是你待的。”我偏过脸，只是摇头。

他疑惑，这是多少女人求之不得的事情，这里没有灯红酒绿，整日对着没有尽头的盘山公路和粗鲁的客车司机。他没有再问，只是再一次翻身压住我，我感觉到了火辣辣的疼痛，闭上眼睛，叹息。

2

次日，他的车队就要出发，我拎着密码箱让他送我一程，到前面 50 公里外的镇上。我下车后，他看我的眼神竟然有些恋恋不舍。我却头也不回就去了镇上唯一的邮局，往李岩的深圳账号上打了 10 万块。

因为邮局还没有汇兑过这么多钱，他们很是忙活了一番。邮局的暖气开得很足，里面是个浓眉粗眼的男人，已经是第五次我来这里汇钱，前几次只有几千，这一次却是 10 万，他抬头看了我几次，欲言又止。

走出邮局的时候，白晃晃的阳光和冷澈的空气让我止不住打了个趔趄，我用口袋里最后 50 块钱叫了一辆摩的，回客家旅馆。

我知道，这 10 万，对于李岩来说，只是杯水车薪，我是多么想念他，但是还不够，一切还不够。

客人走了一批，下一批也不知道什么时候回来，旅馆有些空荡荡，连续四天没有客人，本地的服务员已经放了假。我躺在藤椅上玩着那个煤矿老板临走前给我留下的手机，想不到，不爱财的女人会有很多人欣赏，像我这样嗜财如命的女人也会有人赏识。他说很喜欢我的性格，那样喜欢钱，和他很像。

我玩着功能奇多的多普达，手机是好，就是在这里没信号，也不知道他是怎么想的。再翻看，我忽然惊叫起来，里面存了许多我的裸体照，高清晰。他的意思是他的手机里也有许多这样的照片吧，我笑着删掉，玩这套，也太老土了，我在走出第一步的时候，就已经没有灵魂了，更不用说什么羞耻。

成和喜气洋洋地在算账，这段时间，靠着我的努力和名气，他没少赚。不过他有些后悔，他从没见过一个女人可以开价到 10 万。平日，三五百对于其他女人来说，就已经是不错的收入。他觍着脸说："大学生就是不一样啊。"

我不理会，自顾上楼。他的手臂挡住我，说："你真觉得自己贞洁了，为那小老头守半个月的身？"我移开手，继续走，他一把拉下我，我跌进他的怀里。他的手胡乱地摸索着，喘着粗气。我死命地挣脱，"要么给我钱，要么死也别想碰我！"我们一起滚到地上，院子里传来卡车熄火的声音。

我乘机站起来，走出去，看到一辆孤零零的深蓝色重型卡车停在院子里，走下一个高大的汉子，额头上一道长长的伤疤。我屏住了呼吸，堆起笑脸迎了出去。他的话很少，打量着我，走进大厅。

他叫了一锅酸菜鱼，几张烙饼。这都是我的拿手好菜，正好厨师也放假。半个小时内，我端上这些菜，看着他吃得津津有味。

“这道疤，一定有故事吧。”成和在收银台后面听着我搭讪，他冷笑，他一定觉得我又在招揽生意了，他早就见识了我是一个浑身散满铜臭味的人。不过，事实上，我其实很香，虽然没有人知道我身体上略有略无的香味其实是香奈儿5号。这种香水味道的确让许多男人都欲罢不能。

他没有说话，胳膊上的肌肉却动了动。看得出，他对我有兴趣，我的眼泪几乎要落下，我凑近，替他夹菜，满酒，再次问：“这道疤，真特别，看过一次就忘不了啊，一定有什么故事吧，大哥？”我眯起眼，手指轻轻搭在他的手上。他的国字脸上的眉毛动了动，低头吃饼。

成和嘿嘿地笑，大概是第一次看见我搭讪不成功吧，我转身上了楼梯，回头对他们笑笑。

3

傍晚，他在我的房间门口，挡住我的去路，我刚洗完澡，湿漉漉的头发披在肩膀上，他低着嗓子说：“我没钱，但是我想要你。”真是不要脸，我冷笑，不屑地说：“没钱就别充男人，自个解决去。”他受到了挑衅，一把抓过我的腰，撞进我的房门。不由分说地扯我的衣服，我躲闪着，渐渐地，他开始无力，喘息着倒在我的床上，惊恐地看着我。

我从壁橱里拿出刀，用力地捅向他。他甚至没有力气去嘶喊，我像魔鬼一样，高高地扬起刀，一刀又一刀，直到成和站在房间门口，张着嘴巴，跑向楼梯，险些跌下楼。

我站楼梯口，喘着粗气，看着正走进门的邮递员。或许不是邮递员,是那个替我汇兑了一年多钱的邮局小伙子,他的自行车倒在门口,惊诧地看着我。手中的信封落到地上,我拿过信封,用刀划开,站在大厅中间,开始哭。

泪水和血水一起砸到纸片上,他看着我,愣了许久才蹬着自行车飞一样地离开。一个小时后,镇上的警察找到在公路上走的我,我赤裸着脚,一步一步。

我多么想回到深圳,再吻一次李岩的唇,哪怕他永远都闭着双眼,只有安详的呼吸。

一年前,我和李岩徒步到深山旅游,我们从西藏一路走回深圳。历时两个多月,走到这里,已经是尾声。这趟行程见证了我们的爱情,回到深圳后,我们即将结婚。可是在盘山公路的拐弯口,李岩被一辆卡车撞倒,我站在路中间拦住卡车,看见这个额头一道刀疤的男子。

他浑身散着酒气,惊恐地转弯就上了车,我跪在地上求他,最后只看见卡车的车牌号。我在马路中间,拦了几辆卡车,没有一辆愿意停下,最后还是一辆牛车拉着我们去了镇上。

李岩被转到市医院的时候,浑身鲜血,最后还是勉强留住了性命,却没有再醒过来。每天高额的医药费让我卖掉了我们的房子。那辆车是套牌车,根本找不着一点踪迹。

我回到这片大山,找到这家必经的汽车旅馆。开始等待,我不知道自己在等待什么,或许这辈子都没有结果,可是我不能让李岩死去。他的家人只知道我辞职后去了外地打工,不定时会寄钱回家。

我出卖了自己的肉体和灵魂。现在不必了,李岩真正离开了。一年之后,我终于再次等到那个司机,就算他烧成灰我也记得。

多普达到了镇上有了信号,躺着许多煤矿老板的短信。“你别多想，回来我就带你走。”我开始笑，笑得眼泪都流下来，我是得到解脱了吗？可是为什么更加悲伤，李岩，他要是知道我变成今天这样，会怎样呢？ 私

追寻一个男护士的堕落轨迹

我看着这个我曾经爱过的女人，冷风吹得我直打颤，我流下了眼泪。

1

初中毕业的时候，我的成绩和当地的高中录取分数线差了一大截。全家人在一起商量我的前途问题，读职业技术学校的话太乱，不如读时下很流行的“3+2”，读五年就可以拿出大专文凭。家人听了姑姑的说法，说近几年男护士、男幼师很紧俏，工作容易找薪资待遇好，于是我就成为护士专业为数不多的几个男生之一。

哪知道我改不掉懒散的毛病，五年的学习生涯依旧是混着日子过来的。唯一和初中毕业时不同的是我少了从前的青涩，从小男孩蜕变成了男人。

毕业那一年我 21 岁，已经和女友在一起两年。我把她带回家的时候，家人并不接受，嫌弃她是贵州小山村的。我不以为然地摔门就走，和女友租了房子，正式过起小夫妻的同居生活。

我们都没有什么背景，正规的大医院进不了。女友很快就在一家私人诊所找到了工作，而我，却成为真正的无业游民。

直到找工作的时候我才知道，男护士在我们这种小城市根本不被接受，而且我的学校丝毫没有名气，根本不可能去正规的医院。我只能整日在家打打游戏，浑浑噩噩过日子。

生活的矛盾很快就凸显出来，特别是女友发现意外怀孕后，我一下子懵了，不知道该怎么办。女友流着眼泪说：“要不，你问家里要钱？”我撇撇嘴说：“当初为了你我都把话说绝了，我现在怎么有脸回去。”

女友号啕大哭起来，我无奈地答应她说回家问问。走在夜晚空荡荡的大街上，我感觉到莫大的失落。

我看到一个人背着一个大大的黑包，鬼鬼祟祟拐过巷子，“不会是小偷吧。”我尾随过去，看到他费力地拿起刷子在电线杆上迅速地刷了几下,贴上一张 A4 大小的纸。原来是贴牛皮癣广告的。我灵机一动,上前递烟攀谈起来。显然把他吓到了,不过知道我的用意后,他竟然分配给我一个任务,帮助他把这些广告都贴完,给我 100 块钱。他狠狠地抽了口烟说:"他妈的,这事真不是人干的,今天还好遇见你,兄弟。"

2

那一夜,我彻夜未归,在大街小巷贴了几千份私人诊所的广告,大多是治疗性病类的。快到天亮的时候,我拿到了 100 块报酬,也得到了一份工作。虽然要处处防止城管和巡警的检查,不过也不失为一份高收入的工作,基本上每个晚上我都能赚 100 多块。

我拿着 700 多块钱给女友做无痛人流。她盯着我说:"张超,你好歹也是护士专业毕业的,知道怎么照顾人吗?"

第二天醒来之后我发现女友消失了,枕巾湿了一大块,上面放着几张人民币。她走了。我怔在原地,仿佛做了一场梦。

我仍然不愿意回家,在我心里,总觉得当初是家人让我去读这个没出息的专业,是他们使我在社会上难以立足,我开始了四处打零工的生活。有时候是电台夜话栏目的话托,捏着鼻子用各种语气打很多电话。什么性药、高血压、糖尿病,我扮演不同的患者打电话进热线,对产品夸大其词,有模有样。

有时候我也做现场咨询活动的药托,一口气买下很多盒药。就这样,我一直徘徊在医药工作的边缘。我懂得基本的医疗常识,却没有一张正规的文凭,被这个行业拒之门外。

我知道那些医生的医疗提成很高,我知道甚至在大医院里也会有像我这样在夹缝中生存的医托。我们扮演卑躬屈膝的角色,被正规的医生看不起,却拿着微薄的报酬,像活在下水道的老鼠,不见天日。

3

做托做多了,我也总结出了一些经验,也认识了一些同行,大家经常在一起交流生财之道。我这才知道,在看似正规的医院里,除了托,还有一种更隐秘的职业,那就是帮助患者家属和医院扯皮,获取证据得到医院的赔偿。做这种事情是需要机遇和胆识的,需要转悠在医院中寻找机会。能遇见医疗事故自然好,平常还需要自己的发现,我听一个哥们说他运气好的时候一年拿了30几万的赔偿提成。

决定做这行的时候,我花钱为自己添置了一套“专业装备”,针孔摄像头可以藏在袖口中,录音笔别在领口处,可以随时录音摄像。有了这些专业装备,我像一个幽灵一样在各大医院出没,尤其是重护病房和急诊室,成为我的首要目标,任何蛛丝马迹都可能成为患者向医院索赔的证据。

结果事实证明做这行果然是要靠运气的,经历了一个多月的无用功之后,我疲惫地倒在椅子上抽闷烟。忽然一声凛冽的尖叫划破夜晚医院的寂静,“救命!”我一个激灵,本能地查看了录音笔,是开着的。

我顺着声音看去,一个穿着粉色护士服的护士慌慌张张地从重护病房跑出来。“怎么了?”我启动了摄像头,她脸色苍白说:“他……他的喉管掉了。”我举起手臂,看到了这样一幕,一个垂死挣扎的老头躺在病床上,喉管掉在地上。他高高地仰起头,手指胡乱扑腾着。

虽然我是一个十足的痞子,但我毕竟曾经是一个护士,我冲进房间,想把管子重新插进他的喉咙,可是旁边的仪器上,老人的呼吸和心跳都停止了。我听见嘈杂的脚步声,吓出一身冷汗,万一事情赖到我头上就不好,我赶紧离开。

回到住处,我看了自己今天的成果,暗自激动。我知道那个患者在是有头有脸的人物,那个护士在患者最需要的时候居然喊"救命",竟然跑开了。我录到了那一声尖叫,也拍到了当时的画面,当然那个护士的胸牌我也拍下了。

4

我很快就托同行找到了那个护士的电话,当我把视频给她看的时候,她颤抖着身体,哆嗦着问:"你是记者吗?"明确我的目的后,她绝望了,她知道如果事情暴露,她面临的不仅仅是罚款,很可能要负刑事责任。

当我收到她打给我的3 000块钱时,我捧着卡兴奋地在客厅转圈,我躺下的时候忽然想起来了那个小护士柔软的腰肢。身体一阵兴奋,一个小时后,我在她下班的路上堵住她的去路。脱下护士服的她穿了一件白色的紧身毛衣,黑色小脚裤包裹的小腿修长动人。我这才发现自己已经很久没有碰女人。

那一夜,我带她到小旅馆,我疯狂地吻她,一次次进入。好像把这么多年的委屈都发泄完了,她原本是死活不依的,我答应她签了一份协议书,只要她肯陪我一夜,我以后再不会骚扰她。我们这一行,也是要有职业道德的。

自从那次成功后,我的运气渐渐好了起来,我总结出了经验,一般小医院比大医院更容易让我们这类人钻空子,县城比城市的好糊弄。我"跑场"也跑出了经验,而且在电脑里做了份表格,踩点过哪些医院,那些病房需要重点"考察",确定没有希望的案例就用红笔划掉,简直是一目了然。

为了增加机会,我想到用自己专业知识去制造纰漏。当然我知道要做得万无一失,不能留下指纹,不能被监控录像拍下,更不能在同一家医院出现太多次，否则我的身份就要败露。

我徘徊在各大医院，像午后休闲散步一般，寻找可乘之机。渐渐地，我不再觉得医院的消毒水呛鼻，也不觉得医院是阴森无趣的地方。

我看见那些浑身插满各式管子的人，看着他们垂死挣扎的情形，竟然感觉到莫名的兴奋。特别是再次看见穿着剪裁合体护士服的年轻护士，我的身体里总是能迅速升腾起一股欲望。

对于我们这样专门依靠寻找甚至是制造医疗事故发财的人，对医生的疏忽是很难掌握的，反而是护士，总是让我们有缝可钻。我了解这些医院每个护士的特点，甚至知道哪些是实习生，哪些是刚毕业不久，哪些是老手。

在医院寻找了几个星期，也没有出现我期待中的医疗事故，囊中羞涩的我决定制造一起医疗事故。当一辆推车停放在厕所旁边，护士进厕所的时候，我迅速地打开药瓶换了药。如果我不是专业的，根本没有能力在这么短的时间内偷梁换柱。

换完药之后，我装作若无其事躲到僻静处，亲眼看着护士走进病房给病人换药。我屏住了呼吸，漫长的十几分钟过后，我听到了护士站刺耳的呼叫声，出问题了。

我的腿有些发软，但还是镇定地靠近病房，我的装备已经启动，只要有任何人发现护士用错药，我就可以记录下证据。从医院和患者家属这里拿双重的报酬。

和之前的几次一样，大家手忙脚乱地进行抢救，医生看着点滴瓶中的药水颜色，神色凝重，黑着脸问护士："你用了什么药水？怎么是这种颜色？"

我看着那个吓地说不出话的护士，暗自得意。正当我有条不紊地记录下这一切时，我的眼睛和一张熟悉的脸对视了。我愣住了，站在原地说不出话，她是我的前女友。

她走过来，一把抓住我的手腕，摸到了针孔摄像机。病床上的那个垂死的老人竟然是她的母亲。她是做过医托的，仿佛一下子明白了，愤怒地甩开我的手，冲向病房。我不知道那一刻她为什么没有揭穿我，我看着她万分痛苦的表情，终于明白她什么要离开我。这个病人我早就调查过，是个绝症患者，之所以找她下手，是因为我觉得寻找绝症患者制造医疗事故，能给自己一个心理安慰，反正他们迟早是要死的。

虽然我和女友在一起两年多，但是我从来没有陪着她回过一次家，从来没有看过她的父母。我呆在原地，为什么之前一直没有看见她，难道她一直在外面筹钱吗，她离开我是不是为了减轻我的负担，我感到眼前一片模糊，跌跌撞撞站不稳。

经过一番抢救，老人终于脱离了危险，我看着女友紧张地近乎扭曲的脸，愧疚地不知道说什么。她心疼地替母亲盖上被子后，拽着我的手上了天台。面对她严厉的质问，我不得不承认自己现在的确在做这种事情。她痛苦地背对着我，忽然转过身抱住我，哭着说："你为什么要这样做？到底是为了什么？这样的事情你怎么可以去做？"

我看着楼下的万家灯火，想起过去仿佛像一场梦，我也不知道自己为什么就走上了这条路，或许是因为生活不得志，我太想赚快钱，做一番事业，让别人看得起我，那些穿着白大褂的白衣天使有很多不也是吸血鬼吗？

我刚走下天台，就被一副冰凉的手铐拷住了双手。我原本以为她不会报警，她抿着嘴说："我不能再让你错下去。"我却长长地舒了口气，我早就被自己的欲望和现实折磨地夜夜难眠，至少，现在我也得到了解脱，我看着这个我曾经爱过的女人，冷风吹得我直打颤，我流下了眼泪。私

女官员沉溺仕途的扭曲之路

我不敢大声说那就是一场强奸，因为我的躲闪并不有力，我的叫喊也不够凶猛，甚至在他将我压倒在办公桌上时，我还听见窗下有人走过的脚步声。如果那时，我大喝一声，事情就会完全不同。

1

2008年的秋天，我将近十年喧闹不休的生活，突然静止了下来。我回到了父母身边。贫穷的小镇荒凉衰落，人迹稀少。父母老迈，少言寡语，加上对我境遇和行为方式的不理解，很少主动与我说话。我常常一早起来，就对着黑黢黢的屋梁发呆，能清晰地看见那些盘结老化的蛛网。

长时间的寂静，让我不由想起了热闹繁华的都市生活中，被自己有意识埋藏很久的那些前尘旧事。

事情，还得从十年前说起。

那年夏天，我刚大学毕业。一个名不见经传的末流学校，一个听上去多少有些奇怪的专业——热处理。

我是那一届离校学生中最默默无闻的一员，没有出色的成绩，没有任何家庭背景，貌不出众。这样的情形，在我来说，无论走到哪里，工作都是一样的难找。但我却没有想到，第一次投递简历，就收到了回音。

是一个私立中学，在某小城。离我读书的城市，有三个多小时的路程。校长亲自写来的信，他说希望我能尽快去面试，同时还要试讲一堂课。因为大学里学的物理课程比较多，所以我希望做的是一名物理教师。

当时虽然我已毕业，学校也已放假，但我还住在学校里，一个低年级的老乡将床铺让给了我。宿舍楼里几乎没有别人，晚上总是停电。我骗父母说，工作很快就能找到，回家前会给他们买一床电热毯。

我翻箱倒柜地找了一件看上去比较时髦的红衣服，然后一大早，就匆匆地去了客运站。客运站边上有卖油条豆浆的小摊，喷香的味道，扑鼻而来。我买了两根油条，当时在想，吃得饱饱的，才有力气去面试和讲课，可谁知道，这两根油条一直跟我走到那个学校所在的小城，也没有咽下去，我实在是太紧张了。

找到学校时，刚好9点多。校长是一个表情阴郁、眼神躲闪的中年男人，说起话来，多少有些让我这个初出茅庐的年轻人摸不着头脑，他一会给我指食堂和教工宿舍，一会儿又给我介绍初一四班的情况，仿佛我的工作已经完全定了。

可是一转眼，他又说，现在工作很难找，他的侄子也是今年大学毕业，也是可以教物理的。我的心刚一惊跳，以为自己没戏了，他却立马又大不咧咧地说："试讲并不重要，只要你愿意，今天就可以留在学校了。"

我向四周看看，也正在放暑假，操场上几乎没有学生的影子，但有两三个老师，在教学楼前张贴着什么。我跟在校长身后，脑子里乱哄哄的，听不懂他的话，也不知道自己该说点什么。低下头，突然看见红衣服的胸襟上，沾了一点脏东西，我紧张地站住了脚步，用手指搓了两下。

他发觉我落在了后面，就站住了。向后扭过头看着我，他的面孔，正好对着东边的太阳，他皱起了眉头，脸上的皱纹和汗毛孔，在阳光下，突然看得非常清晰。我心里无比地慌乱，说不出难受的滋味。难道在那个刹那，我已经预见到了所有的一切?

是的，并没有什么试讲，也没有什么当天就留在学校，更没有他指给我看的食堂宿舍，当他带我走进他的办公室后，他就反锁了门，向我伸出手来。

不，我不敢大声说那就是一场强奸，因为我的躲闪并不有力，我的叫喊也不够凶猛，甚至在他将我压倒在办公桌上时，我还听见窗下有人走过的脚步声。如果那时，我大喝一声，事情就会完全不同。

而我没有，一点也没有。

然后他说："你可以留下了。"他说这话的时候，表情还是那么阴阴郁郁，眼神还是无处着落。一直在我心里的恐惧和慌张，此时此刻，没有了。我什么也没有说，低着头，就离开了这个学校。

从那以后，这个小城市，我再也没有去过。

也再也没有吃过一口油条。

晚上，在停着电的宿舍里，眼泪哭干后，我下了决心，要回到我老家所在省会城市去。我一定要在那里混出个名堂来，我要做官，手里要拥有足够大的权利。我要让我的人生，从此与众不同。让我的父母和亲戚，因我而骄傲。

2

我回到了G市，通过关系，找到了一个拐弯抹角的亲戚。他在某政府部门里当个小官，送了2 000多块钱的礼后，他帮我调进了某农科所，一个工资很低，比较稳定的单位。

有很长一段时间，虽然每天都上班下班，也会逢人便带三分笑，工作也蛮勤快，但我的脑子里，似乎被一种不属于我自己的东西占据了一大块，它让我分神、恍惚、会突然悲从中来，对未来、对现实，都充满了不可知的恐惧，好好地走在路上，什么也没有发生，就会手脚发汗，头晕目眩。熟悉的街道、人群，都像梦里的场景，我无法真正靠近，却又紧张不安。

那时我住在单位宿舍里，上班下班都有很多的空闲时间，我开始读书，学外语，竟比在大学里要用功许多。心里有个很明确的想法，我不会永远待在这里的，我在等那个改变我命运的机会的到来。

第二年的夏天，一个女副所长将我叫到她的办公室，一脸神秘地从抽屉里拿出了一张相片出来。那是一个戴着眼镜的男孩,瘦高,清秀。她笑着问我感觉怎么样。又说这是她表姐的孩子,大学毕业一年了,现在在某银行工作,如果要说起老家来,和我父母的家离得并不算远。

我能说什么呢?我已是一个没有资格挑三拣四的人啊。

他叫王长生,我们相处一年后,便结婚了。他是个非常非常好的男人,人单纯、朴实,心地善良。

幸福的家庭生活,渐渐安抚了我的内心的不安。但另一方面,我也越发不甘心起来。尤其是刚毕业时发生的那事,如同一个噩梦,在我最安静的时候总会显现,压得我喘不过气来。随着渐渐对社会的了解,我比以前更坚定地认为,我之所以会被那个校长欺负,正是因为自己的地位低下。

2002年,省里招考公务员,我第一个报了名。这几年没有停歇的学习,让我收获了结果,我竟考取了全市第一、全省第四的好成绩。

那年秋天,我进了企业工委。

我强烈意识到,自己人生的一个重大转变开始了,这里将会是我出人头地的第一站。

上班第一天,我就有意识地观察处里的几个同事,随后一两个月的时间里,一直在琢磨他们的性格和优势,我得出的结果是,只要我再努力一把,就能很快脱颖而出。

第二年的春天,我考取了管理专业的在职研究生,在我们处里,我是唯一一个这么高文凭的人,而且,我还有一个很大的优势——文笔好,脑子活。我努力通过工作机会,编织各种人际关系。短短两年,我就成了能给大家帮上忙的人。谁家孩子上学、谁家老人住院、谁家想买点稀奇又便宜的东西……我都能找到路子。

这两年的时间,我将所有的注意力,都放在"做好人,赢赞美”上，当然，这肯定是件不轻松的事儿，尤其是对我这样一个天生性格并不开朗、对人事也并没有特别兴趣的人来说，每一次努力，都像一种咬着牙的突变。别看表面谈笑风生，可神经之弦却是紧紧地绷着。

王长生并不知道我有多难，我也有意识地不想让他知道。他依然快乐地工作，简单地生活。偶然说起升官发财，也只是抱着随遇而安的平淡向往。他会说：“钻营是很累的事儿，也会让人瞧不起。”

他的话令我会吃惊，也提醒我不要将工作上的那些心机，带回家里来。我一直只想在他面前保持一种傻乎乎的样子来，不懂人情世故，心地单纯，对男女之事，更是一窍不通。如此处心积虑，只是因为我心里有一个更重要的计划要去实现。

3

从第一次见到姚新，我就觉得他将会是我的一个台阶。

他是我们处的顶头上司，某部门的主任。一个非常世故，圆滑，内心强悍的男人。他毫不掩饰地对我表现出了兴趣，当然兴趣之后，就在等我的下一步。

勾引能帮助自己的男人，这是很多女人都在走的路。毕竟年岁、资质、相貌差不多的女人，车载斗量，谁先想到将来，谁先做出规划，谁才能够胜出。我想过优裕的生活，想被人尊重，想有更好的身份……没有错吧？

不知道姚新对“出人头地”这个词儿是怎么想的，但他似乎从一开始，就能看出我所有的心思。这也是一种“物以类聚”吧，否则那多人当中，我怎么会一眼就盯上他，而他又怎么会心照不宣地跟我走到一起呢？

第一次约会，他就很自然、也很恳切地对我说了这样的话：

“你放心,你的前途我一定会帮你。”

瞧瞧,他说前途,而不是像一般男女幽会时,男人会说给女人买点什么好东西。他是根本就知道我最需要的是什么啊,不是一件衣服,我要的,当然是“前途”!

找他谈前途,也是我的深思熟虑,因为我们处里,一直没有正处长,只有一个副处代着,而且他是我们的主管领导,这两年里,我一直在琢磨他的脾气和爱好,不仅知道他是一个自我要求很低的人,而且好大喜功。

我曾作为省报的特约记者,用公款付费的方式,买了两个版面做通讯报道。虽然表面看上去,是歌颂主要领导的,但内部的人一眼就能看出,这些工作是姚新做的。

这非常符合他的口味,从此以后对我刮目相看。而且言谈之中,将我认作是他的人。他会对我说点小道消息,工作中也会点拨我一二,这让我的工作和地位,很快在处里就突现了出来。直到我们发生了关系,他对我的态度,又有了新的变化。

他不再当着其他人的面和我开玩笑了,甚至对我比对他人更为冷淡。有一次部门吃饭,完了去唱卡拉OK,有人提议我陪他唱一曲,他竟拂袖而去。过后,也并不对我解释什么。

似乎有这一层关系后,他就有了更多的理由,比对别的女同事,更加轻视我。

我未尝不明白,男女上下级这种游戏的危险,也未尝不明白,作为想索取利益的女方,在这些男人眼里,会是什么样的形象。他们一方面瞧不起这种女人,一方面又要体味这种女人才能带给他们的权利的快感。

我并不漂亮,一直也都谈不上漂亮。所以,做这样的事,需要尽快想明白更多的道理。

我的目的很简单:我并不是在玩婚外情,只是想要过得更好。之所以挑中姚新，也并不是因为他与众不同，或有什么吸引人之处，不过是我顺手的工具罢了。

这个道理，我猜想，他也是懂得的。

交易如此赤裸裸，又让我们彼此怎能发自内心地亲密起来？我们就像豹子一样，即便做爱，也充满了警惕和对抗。

但我想要的东西，四年后，顺理成章地就落在了口袋里。我做了处长，越过了代理工作两年多的副处长。那年我刚 32 岁，已在读在职博士了。

我是全部委最年轻的处级干部。一辆公车，可以随时听我调遣。

上任三个月后，有企业开始主动给我送钱，我当然不能接。但是接受了他们负责招待的欧洲之旅。

轻而易举地，我就安排了老家一个亲戚的工作。又轻而易举地，给王长生单位一个领导打了声招呼，他就调进了技术部门——那是他喜欢的工作。

下一步，我盯住的是姚新的职位。我已经有些迫不及待了。

4

做了处长后，我和姚新，就断了暧昧的关系。他很难承受提拔我的压力，不仅有人说闲话，他自己可能也开始感觉后悔了，似乎突然意识到，不应该为我做这样大的努力。

他不知道的是，在我上任之前，已经和姚新的上司，有了新的关系。那是我上的第二道保险，是我努力工作、不停进修之外的双保险。等我考上博士后，我的提拔，基本上已是铁板钉钉，女性、年轻、工作能力强、学历高、有野心——这样一个人，放在任何单位，都不可能被小视了。

给我一个职位，不过是大势所趋，而我的努力，加快了事情的进程。

我有我的计划，我要在 40 岁之前，做到厅级。这不是没有可能的事儿，尤其当我豁出去时，我发现，许许多多从前视为高山仰止的困难，其实都可以完全克服的。

对姚新下手，我毫不心软。可能也是因为太了解了吧，在一次市里组织的外事活动中，我们主管的两家企业出了漏洞，追究起来，责任正在姚新——他不熟悉业务，而我没有提醒他——我出差了。

他当然明白这意味着什么，也明白一贯提醒他的我，突然不再提醒他的目的。可谁能想到，讨论我年终工作时，第一个发难的不是姚新，也不是我的其他同事，而是我新抱的那条“粗腿”——他含沙射影地提醒我，注意生活作风！

对一个在官场里转的女人来说，这句话意味着什么，我想没有人不会知道。它是要置人于死地的。

会议上，我们俩四目相对地，注视了良久。在他旁边的座位上，姚新向椅背靠去，嘴角涌上一丝不易察觉的冷笑。

我知道了，姚新一定是绝地反扑，向“粗腿”说出了我和他的“交易”。

多年前那黑暗而屈辱的一幕，又浮现在了我的眼前。潮湿闷热的校长办公室、那张令人呕吐的脸、小车站肮脏的油条摊子、低着头流着眼泪走在路上的我……

我突然想到，这么些年，我付出了如此大的精力和努力，可为什么还是逃脱不了被欺负、被玩弄的下场？

到底是我的问题，还是别的原因？

不，我已经走到这一步了，如果退缩，意味着不仅没有了更好的未来，手里争取来的一切，也会化为乌有。我不能就这么认输了！

人在一心想抗争的时候，往往是不够理性的，全凭热血和情感。那个瞬间，我已经完全冷静不下来了，我宁愿两败俱伤，也无法忍受坐以待毙。我捏紧了拳头，在心里一遍遍对自己说：现在的我，已经不再是刚毕业时的小女孩了，我有力量保护自己了！

那封最终惹了大祸的检举信，就是会议结束后我在办公室里写的。我将“粗腿”告到了省里的主管部门。他幻化成了了多年前那个校长的替身，每一个字，都凝聚着我极大的仇恨。

我想，我的言辞一定是偏颇、激烈、神经、放纵的，因为第二天，我就被组织部叫去谈话了。信在几个工作人员的手里传着，他们的表情，非常诧异，口气饱含同情，但不是对我的遭遇，而是对我的心态。话里话外，无疑在说着这样的观点：即便事情是真的，身为颇有前途的干部，你用如此方式表达出来，就等于已断送了你的政治生命！

我还能说什么呢。此时已是第二天，经过一夜的思考，我比谁都后悔情绪激烈中做下的这件事，而且我知道，这种糗事，早晚会传遍机关的角角落落。

王长生，也会知道的。

5

结婚不久，王长生就提出要孩子，希望我不要再服用避孕药了。我不肯。

在我想来，如果父母一无所成，要孩子干什么？难道要我看着他长大后，再像我那样，受屈辱，受冷遇，受到攻击？如果我要孩子，就要给他足够强大的保护，给他可以在世人面前骄傲的荣誉和地位。晚生几年孩子怕什么呢，重要的是自己尽快强大。

这个道理，王长生是不懂的，也不会有更深的体会。虽然他的父母都很普通，但他经历平顺，从小到大，没有遭受过什么挫折和打击。他成长的自然、随意、平和，和我完全不同。

谈话过后，我意识到大事不好。不仅工作将会出问题，家庭生活，也岌岌可危。我主动对王长生说，我想生孩子了。他还蒙在鼓里，竟主动劝慰我说，博士论文还有半年要答辩，不如先将学位拿下后再说。

我的事，在机关传开后，人们看我的眼神就完全不同了。姚新和“粗腿”，前后很快地就换了部门，他们的职位并没有受到任何影响。而我在处里的工作，却微妙起来。从前的代处长，被新来的领导宣布说主管全面工作，理由是我读书太忙，不能耽误。

我知道，我是要被架空了。下一步，估计就得去当调研员了。

我请了半年的假，天天待在家里。对外都说在准备论文，王长生自然是相信的。我急着要怀孩子，他又喜又惊。当然想象不到，我是在做什么打算。

我想，只要我怀了孩子，他就不能轻易提出离婚。蓦然回首，我能抓住的，似乎只有他了。

但我没有想到，事情会这么快就来临了。王长生在我不在家的某个下午，匆匆回来，收拾了他几乎所有的东西，就这么离开了家。他给我留了一张纸条：“我不清楚你这么做的原因何在，但我确实很难接受这么龌龊的事实。希望你能早日走出困境，也给我一个合理的解释。”

捏着纸条，我泪水滂沱，但也从心底里感谢他，能给我保留一份尊严。

放弃了论文的写作，我回到了老家。我实在没有想到，事情竟然已传到了父母耳里。权色交易，在他们是完全无法理解的一件事，他们瞬间苍老了，甚至我能感觉到，他们并不愿意我被乡人看见。

我拼命地回忆过去,想从过往找出答案。可每一次,记忆都会长久地停留在十年前的那一幕上,它就像一块伤痕,烙在了我柔软的心脏上。

我到底是怎么了?为什么会让自己本来可以很美好的生活,建立在了一件丑陋肮脏的事上?以至让自己在阴冷和不愉快的记忆中,一直茫然地转个不停?

我的心,从那天起,就一直是扭曲着的啊!它又怎么可能,带给我光明的未来?那些我看重的所谓台阶,不过是一个个埋伏,只等我爬得越高,摔得越狠。

再回头看看曾经孜孜以求的出人头地、升官发财,当然会涌上羞耻之感。那贫弱可怜的境界,可惜我从前一直不知,也难怪会使出如此丑陋的方法来达到目的。

一旦想清前因后果后,我便从没有地感到了解脱——比我做处长、考上博士,还要轻松。这也许就是王长生说的走出困境吧,扭曲的心灵只有被一点点理顺、理直,人才能做到真正的强大。

离开父母家后,我开始继续论文的写作。有个傍晚,我出门去买点吃的,在一家面包店前停留时,我突然从玻璃窗中看见了王长生的影子。他一个人匆匆行走在马路对面,瘦了,黑了,似乎还高了。

我想起我第一次见到他照片时的情景,不由有些恍惚。我很想对着玻璃反光中的他说点什么,可是他很快便匆匆地,从那块玻璃中走了出去。私

三流女演员的伤城

我转回脸，继续面对母亲。“吃苹果吧。”我把红苹果递到母亲手里。“妈，也许我真该考虑，把背上那个文身磨掉。但是心脏上的名字，怎么抹消?”我问这个疯女人。

1

自从演过那部情色电影之后，那个男人就缠上了我。他叫程为江，已经 40 多岁了，出生在台湾，多年前就落脚在内地，游走于各个剧组，算得上影视圈里的老江湖。2007 年初夏，我被经纪公司介绍到《媚娘》剧组，担任一个小角色。

我的容貌算不上美艳，气质也比较幽暗，天生就是做陪衬的。在这部电影里，我扮演一个女奴，程为江演我的父亲。我们就这样相识了。

初次见到程为江，感觉这是个玩世不恭的人，也有老江湖的自以为是。除了配戏，我跟他交流不多，他有种冷幽默，偶尔暴出一个笑话，惹得众人大笑，在我看来，不过是哗众取宠罢了。

我们的外景地在喇嘛山，电视剧《康熙王朝》、《贞观长歌》也曾在这里取景，风光很美，大片白桦林，离剧组不远的滦河源头更是气势磅礴。草原风情容易让人激动，一向性格冷僻的我，也变得快乐一些了。

那段时间，程为江总是有意无意往我身边凑，这也没什么，他是我"父亲"，导演当然希望我们多沟通。女奴这个角色虽然不起眼，但在片中却有承上启下的作用，我也很看重这次机会。

六月的一天，没有我的戏，我早早回到帐篷，刚躺下，听到程为江在外面轻呼我的名字。

我说："我不舒服，想休息一下。"他在外面说："我知道你生病了，上午就看出来，我给你带了药。"

年轻女子在落寞的心态下，难免会显得脆弱，有句话叫"爱上寂寞"，即使不算一种自虐，也是一种无奈吧。

我把程为江迎了进来。他提着一包草药，金银花、黄芩、连翘，一样一样摆出来，是从牧人手中买的。

我心里一颤，生出一丝感动，却并不表现出来，只是远远地坐在角落。

程为江盘腿坐在门口，正是傍晚，一抹晚霞投射到他的额头，在面颊勾勒出一道琥珀色的光晕。我忽然有种感觉，我和他似曾相识，很久以前在哪里见过。他的眼睛很亮，并没有这个年龄的男人惯有的世故、沉郁。

“你看什么?”程为江笑着问，露出一口洁白的牙齿。我慌了神，急忙低下头，脸也不争气地红了。

他又笑了几声，问道：“你觉得我演你老爸像不像?”我心里一寒，没吭声。

他非常敏锐，盯着我：“从你的眼神看出来，你非常失落，是不是缺乏父爱?”

我倔强地仰起脸，嘶声说：“你一进门就问了我三个问题，不要以为我会把你当朋友!”这句话很伤人，但我已经顾不得这些了。我最讨厌人家提起我的父亲。三年前，父亲与别的女人偷情，被母亲失手杀死了。

我的生活比电影剧本更离奇。我的生活就是一个结痂的伤口，不想被轻易撕裂。

2

我认为这件事就这么过去了，只在配戏的时候貌合神离，导演喊一声“停”，便形同陌路。人生可不就这样吗?反正我是打算把自己彻底封闭在孤岛上。但程为江可不这么想，后来我似乎明白了，那天傍晚他的那句“你觉得我演你老爸像不像”，其实是一个挑逗。

我越是回避程为江，他便越是缠得紧。有一场戏在河边，我扮演的女奴掉进水里，挣扎着爬出来，然后和父亲拥抱告别。女奴的装束原本就简单，这又是一部情色电影，服装设计更加暴露，我湿漉漉的样子跑到程为江面前，野性十足。

他紧紧抱住我，胸膛用力挤压我的乳房。我感觉他的身体起了变化，蛮横粗俗的呼吸喷到我的脖颈里。以前配戏的时候，他总是借机侵犯我，这次更是过分。

这个小小的场景，居然反复拍了十几遍，因为我的身体太僵硬，情感上更是无法投入，惹得导演火起。台湾导演本来就歧视我们这些内地末流演员，骂出的话更是难听，我在羞愤中几乎昏厥。一旁的程为江对导演说："不要责备小娜，她生病了。"

导演哼了一声，戏还要继续拍，直到下午，我的戏结束了。然后我真的大病一场。程为江经常过来陪我。

一天晚上，我在发烧，突然感觉一双手臂环绕在我身上，耳畔传来缥缈的轻唤："青奴……青奴……"这是我在电影里的名字，而那呼唤声又是那么熟悉亲切，那就是电影里的父亲。我闭着眼睛，任凭双手恣意游走。

我的身体很烫，那双手颤抖着，可能被我灼伤了。抚摸变得越来越狂烈，而我病中的身体也愈加敏感丰盈。我感觉他迅速膨胀的掌纹掠过皮肤，我的血管在欢呼，发出噼噼啪啪的电流声。

当那只滚烫的嘴唇袭上我的胸脯时，我彻底打开了自己。我被潮水淹没，很久没有这种感觉了，我是被狂潮灌溉的花朵，拼尽全力绽放着。

我喊了那个名字："孙海！"

我喊了又喊，像个贪求无度的巫女。

3

也许我病的这一场，就是为了迎接那个男人，而且我无法回避一个问题：其实最初接触到程为江，我就知道我们之间会有故事，因为他的名字里有个“江”字，而我爱的男人，有个“海”字。

女人一旦爱上了，就会变得不可理喻，会把所有无关的联系都牵扯到自己身上，会把任何一个荒唐的细节，当作神的启示。爱情中的女人，变成一块开放又自私的海绵，无所顾忌地吸着爱情的血。然后把自己淹死在里面。

那部电影结束了，而我的沉溺才刚刚开始。程为江没有离开，说要等其他的演出机会，我知道他的目的。他明确告诉我，喜欢和我在一起的感觉。这个情感异化的男人，只想通过电影角色，体验那种乱伦的感觉。

可怕的是，我默许了。或者可以说，我对外界的一切刺激已经变得麻木。直到他对我说，想让我给他生个孩子，我也只是扇了他一个耳光，仅此而已。然后我们又纠缠在一起。只有肉体的沉沦能让我忘却自己。

有时候我醒来，也会歇斯底里地骂他、撕扯他。程为江拥着我，吻我的嘴唇，用电影里的名字呼唤我：“青奴，安静，爸爸在这里。”我像中了魔咒，立刻便平息下来，任凭他在我冰凉的身体上激起火花，并烙下他自己的痕迹。

程为江总是迫不及待扯掉我的睡衣。为了更像一场梦，我们把所有的睡衣都制成戏装的样子，好在，两个奴隶的衣服很好改，撕破，剪出一条条絮状织物就可以了。他在我的睡衣下面看到那个名字：孙海。

那个文身一直都在后背，肩胛骨上面。岁月不会让它消失，只会越来越深，越来越痛。那是一个伤口。我说过：我的生活是一个结痂的伤口，痛苦和罪孽掩藏在下面。

我不知道程为江怎样面对那个名字，另一个男人的名字，当我在他身下翻滚的时候，当我的肩胛骨由于快乐而抖动时，那个名字总会突然闪现，如幽冥世界里死人的一瞥。

“这是什么字？”他还是明知故问，语气像一个情窦初开的高中生，酸涩疼痛。

我报复地笑着：“那是死人的目光。”

我的语气太过诡秘，他果然吓了一跳，又换来我更疯狂的笑声。

他喃喃自语：“有一部电影说，我们总是和自己的伤口纠缠撕扯，至死方休。”

我点燃一支烟，用力吸了一口，说：“电影早就散场了，只是你还要赖在戏里不肯离开。”我一边笑，一边流泪，直到香烟烫了手指，我猛地一抖，带火的烟灰跌落到腿上，我抽搐一下，但没有惊叫。

程为江的面颊贴上去，舌尖舔拭那个灰色的伤痕。烟灰被他含在嘴里，融化，吞了下去。他低声说：“青奴，乖，不痛。”他就这样为我疗伤。我闭上眼睛，倾听他的声音，咝咝的颤鸣飘出来，他的舌头向上卷起，从嘴里吐出来，伸缩着，不断抽打着空气。

床上又变得焦灼燥热。我几乎失去知觉，只觉得全身的血管被抽空了。强烈的窒息感使我眼睛发胀。我的视线疯狂地飘移着，想要躲开半空的逼视。但我无论躲在哪个方向，那个人都盯住我——孙海，他一直都盯着我。

4

“把这个名字去掉吧，”那天早晨，程为江终于对我说。“激光磨掉刺青，会有点痛，忍一忍就好了。”我冷酷地盯着他，从齿缝迸出一句话：“凭什么要我忍？”程为江默默地注视我，良久，他嘶声说：“因为从一开始，你就在引诱我。”

他的目光有一种野蛮的力量，我想笑一下，嘴角只是牵了牵。他把手掌按在我的脖子上，大拇指和食指摸索着，寻找我的颈动脉，我挑衅地迎向他的目光。他呼吸急促，眼底浮起血丝，这是爱恨交加时，男人的本能反应。

是的，我从一开始就在勾引他，这是我的本能。程为江的出现，使我觉得时光倒转，又回到了从前。相似的眼神，相似的程序，我一见到他，内心的声音便苏醒了，迫切地追问我。

“其实我一见到你，就很想知道一个问题：你做爱时的体位动作是怎样的？”我冷冷地说。

他反问：“那你觉得怎样？”“和孙海太像了，简直就是同一条流水线。”我笑着，朝他心里最虚弱的地方刺去。

他的腰弯下去，这才是他这个年龄的人应该有的体态。

“你对我又恨又爱，是吗？”我继续刺激他，“你对我爱恨交加。”他的眼睛瞪大了，这正是他想说的话。我看到瞳孔里的自己，这个场景很熟悉，一样的导演，一样的台词，只是男主角换了。

“孙海在哪里？”程为江摇着我的脑袋，尖声问。我淡漠地说：“在我的肩胛骨上面。”

他沉默下来，缩进毯子里，像个婴儿。我慢慢穿好衣服，把窗户打开。散乱的阳光，从树荫密布的缝隙投射进来，波浪似的洒在我身上。是该换换空气了，屋里的情欲气息太浓郁，几乎一伸手便能攥在掌心。

“陪我出去走走，我要磨掉文身。”我对程为江说。他迟疑一下，转过身，阳光打在他脸上，恍惚间，我以为自己看错了，这老男人的眼睑上居然凝着一抹泪痕。

5

出门以后，程为江发现方向不对，我没带他去市区，而是走向了僻静的郊外。但他什么都没说,半个小时以后,我们来到了精神病院。隔着窗户看到那个女人,过早衰老的脸庞皱缩着,看上去有60多岁了。她正望着一个苹果出神,眼睛一眨不眨,戴着戒指的手放在桌面——戒指是铁丝做的。

“你母亲?”程为江想确定一下。我点点头。取人性命者,由于感情的最终破碎,自己也崩溃了,这就是母亲。

父亲与别的女人在一起,母亲失手杀死父亲,而那个偷情的女人就在旁边看着。这是一起家庭纠纷,毁灭的目的也是为了得到,母亲做到了,然后疯了。

我微微俯身,注视她鬓角的一缕灰白色头发。40多岁的女人,变成了这样,我并不恨她。就算要恨,也该是她恨我才对。她养育我20多年,最终我毁灭了一切。肩胛骨上那个飞翔的名字,就是父亲。当然不是亲生的。

“他们是在南门外的一座桥下捡了我,当时我在襁褓里没有哭。”我喃喃自语,既像对母亲低诉,也像说给程为江听。我发现程为江在颤抖,浑身缩成一团,用一种古怪可怕的目光盯着我。

我仍沉溺在往事中,从我的海绵里一点一点挖取回忆。

孙海对我的吸引力无法抗拒,我从高中时就爱上他。但是最开始,我只是单纯的情感愿望,没有性的要求。我想要那些细小的关怀。我以为能控制自己的身体,只想得到信任、可靠和温暖。一个弃儿,她想索取的,只有这么多。

但养母嗅到了危险,开始阻断我们。我开始混乱了,我弄混了父爱和爱情的界限。我用了很多诡计,现在回想起来,我不知道自己当时会那么狠……

母亲忽然转过脸,似乎听到了我脑子里的声音。她的目光空洞却尖锐,穿过我,投到程为江身上。

我也转过脸,看着程为江,喃喃自语:“孙海沦陷了。我娇嫩的身体，忍着疼痛，为他绽放。他从我快乐的眼睛里，看到了自己的罪。这种感觉你能体会吗？又爱又恨，又恨又爱。”

为了爱情，一个小女孩也会变得狠毒，就像一只羊，为了生存去吃肉。在我的心目中，爱情，就是我的生命。这一切不需要有意义，是自然发生的。

“你……妖女……”程为江从齿缝挤出凌乱的字句，疯了似的逃出去。我不明白，他的反应为什么如此强烈。我目送他的背影，他的逃跑姿势真像一个精神病患者。

我转回脸，继续面对母亲。“吃苹果吧。”我把红苹果递到母亲手里。“妈，也许我真该考虑，把背上那个文身磨掉。但是心脏上的名字，怎么抹消？”我问这个疯女人。

母亲轻轻咬了一口苹果，神态平静自然。然后，她咧嘴笑了，嗓子里发出一阵颤鸣。我把耳朵贴过去，隐隐约约听到她说：“那个人……你的父亲……”

我不明白她在说什么。疯子的语言没人听得懂，但是她的微笑我不喜欢，就好像，她才是最终的胜利者。私

一个情景模拟女演员的非正常生活

没想到，我不远万里来到泰国，只为给爱情杀出个黎明，结果却是走进了爱情的坟墓。

1

电梯里，只剩下我和一个猥琐的男人。

男人的眼睛很不安分，死死地盯着我的胸部。看得出，这是一个生活中极度自卑的男人，只能用 YY 来排泄分泌过剩的荷尔蒙。

于是，我逗他："你不要这样的看着我，我的脸会变成红苹果……"男人整理了一下凌乱的头发，捂着脸低下了头，但是他的眼睛不忘从五指的空隙内打量着我的表情。我对他做了一个鬼脸："再看我，再看我就把你喝掉……"

显然，男人把我寂寞的挑逗当成了鼓励，他油乎乎的嘴巴向我袭击而来："我们去开房吧。"我已经三个月没有尝受过男人的滋味，但我也绝对没有饥渴到下贱地随意和一个猥琐的男人上床的地步。淑女也疯狂，我河东狮般地吼了一声"滚"。

男人的脸憋得通红，忽然拿出一把尖刀顶住了我的小腹。男人说，他注意了我很久，三个月的跟踪不可能就此收手。我被男人胁迫到了楼顶，男人疯狂地撕扯着我的衣服，双手用力地在我的胸部搓揉着。我只觉得神思恍惚，挣扎着大叫起来，声色凄厉。男人再次晃了晃那把明晃晃的刀子，我的声音戛然而止。

从周启文离开我的那一刻起，我就明白了一个道理：生活就像被强奸，如果不能反抗，那就闭上眼睛享受吧。我对男人说："好的，我答应你。"就在男人得意地去解自己的衣服时，我对着他的下体狠狠地踢了一脚，然后从 18 层的楼顶纵身一跃……后来有人说，那一跳的风情甚至比飞天更轻盈飘逸，比成龙更刚劲潇洒，比哥哥更凄婉决绝。

我不是守身如玉的烈女，但我绝对不会和没有感觉的男人做爱。这是我的原则。

2

台下想起了一阵欢呼声，也有一些泪腺发达的观众大声哭了起来。公安局和电视台的领导拍拍我的肩膀，对我说“好样的”，然后塞给我一个红包，那是我一个月的生活费。我看到羽安在人群中向我竖起了大拇指，眼神中一种异样的情愫在闪动。

是的，这不是一个真实的故事，这只是一个情景模拟现场。一个月前，这里发生了一场震惊全市的强奸案，公安局要找人现场模仿被害人和犯人，还原案件的真实感，以供媒体报道和法院立案。我扮演的那位受害者，羽安扮演那个男人。我们是合作伙伴，也是别人眼中的恋人。

在我把观众的欢呼和眼泪一并打包收藏之后，羽安揽着我的腰回家了。我像一只幸福的小兔子。

我们的家只是繁华的都市角落里的一个廉价出租屋，简单的只有一张床、一个电磁炉和几包泡面。然而，这却是我们幸福的全部内容。

晚上，羽安轻轻褪去我的衣服，他的吻如梨花般飘落在我的身上。不是白天模拟的狂风暴雨，而是一种随风潜入夜的温存。

但是，我却无心享受，就在他即将进入我体内的那一刻，我轻轻推开他说了一声“对不起”。

黑暗中，弥漫着羽安无声的叹息。

3

三年前，周启文孤身一人来到了泰国。他对我说：“茹儿，等着我，三年后我会给你一个幸福的生活。”三年，是多么漫长的一个等待。三年，精卫的微木可以填平沧海；三年，孟姜女的眼泪可以哭倒长城；三年，心会拧得和麻花一样。

但是，我愿意等，只为了他那句“我永远爱你”的誓言。

第一年，每天晚上周启文都会跟我煲电话粥，倾诉彼此的衷肠。第二年，周启文的电话越来越少，我打过去，他一个字“忙”就把我茶不思饭不想的思念轻松打发。我知道我们的爱情出了问题，一个男人是很难抵御异国他乡的声色诱惑的。我们的爱情是距离产生了，美却没了。

我到了泰国，经过百般周折找到周启文的住所时，开门的却是一个香艳的女子。从她的外形，尤其是她饱满的胸部看，她是一个女人；但是从她的声音来看，总感觉她的性别有点模糊。

周启文告诉我，她是一个人妖，一年来，都是她陪伴他度过了每一个寂寞的夜晚。人妖躺在周启文的怀里，亲切地叫着“宝贝”。

我说：“周启文，我知道寂寞对人的煎熬，我原谅你，只求你回到我的身边，从今以后我会和你形影不离。”

周启文却对我朗诵起了我们一起学会的莎翁的那首诗：“当爱情的小船被风浪打翻时，让我们友好地说声再见。”

我被周启文无情地推到了门外，我摔了一个踉跄。人妖在咯咯地笑着。他们的二人世界里全然不顾门外那个哭得梨花带雨的女子。爱情失去时，才发现男人的心肠原来硬如铁石。

没想到，我不远万里来到泰国，只为给爱情杀出个黎明，结果却是走进了爱情的坟墓。

从此，我不相信爱情。如果要爱，也要和周启文一样爱得变态。

4

一个身无分文又不懂泰语的异国女子在曼谷这样的大都市，只能把立交桥下那冰冷的水泥地当作唯一的归宿。三天的时间，我没有吃过一顿饭，只能看着两只抢一根骨头的流浪狗发呆。

在这里我认识了羽安。羽安把一个面包递到了我面前：“我们就像这两只流浪狗。”那一刻，我的心莫名地感动。那块面包的味道美极了，远胜过周启文出国前我们在香格里拉大酒店吃的那顿海鲜大餐的味道。女人在这一刻都会有以身相许的冲动，以此表达自己最真诚的谢意。

人生就是这样可悲，坚守多年的防线有时候就会为了一块小小的面包而瞬间被击溃。

羽安却不要我的感谢。他说他和我一样，在这个都市里流浪。不同的是，他比我多了一份职业，情景模拟演员。这个都市里几乎每天都会发生形形色色的案件，羽安的职业就是作为情景模拟演员，去还原这些案件现场的真实感，供媒体报道，也方便司法机关更准确地对案件的性质做出判断。

羽安说，这个职业对演员的表演天赋要求却很高，最近他总找不到合适的对台戏演员，公安机关给他开的报酬也越来越低，他希望我能做他的合作伙伴。

我上大学时本来学的就是艺术专业，对一般人物的表演都能够把握得很准。为了不再像流浪狗一样渴望一块面包，也为了对羽安的感谢，我答应了他的请求。

我对羽安说，我们还是两只流浪狗。但是，从此我们要相依为命。

那天晚上，我主动在羽安面前褪去了我的衣衫。羽安却坚持这不肯要。他说在如果不能为我穿上嫁衣，就不会脱掉我的衣服。

在这个物欲横流的年代，竟然还有如此纯情的约定？我的心开始颤抖。

那一夜，我躺在羽安的床上，一夜未眠。羽安打了地铺，辗转反侧。

5

我逐渐迈入情景模拟演员这个行业，我的表演功力让我能够准确表达受害人的痛苦。有时候我表演被男人痛打奸杀的女人，有时候我表演的是被情人甩掉而跳楼自杀的女人，有时候我表演的是在抢劫中死于非命的女人。她们的共同点都是那么软弱，那么可怜，她们遇到种种困难无人帮助，即使死也死得孤单凄凉。我时常在表演中入了戏，哭得撕心裂肺，肝肠寸断，我想只有我这样有了类似遭遇的人才能明白那些死去的女人有多少的委屈和不甘。

当然，还有羽安，我们在生活中逐渐默契，这才让我们的表演更加入木三分。

每次表演之后，羽安都会拨开人群，紧张地抱着我，哄我。他的怀抱仿佛有一种魔力，躺在那里我会感觉无尽的温暖。

是的，我对羽安动心了。几个月来，我们每天都出去寻找表演的机会，这样的日子不曾改变。改变的是，羽安不再打地铺，而是我们躺在那张小床上拥抱着入睡，抱得那么紧，紧得快要窒息。

很多次，羽安尝试着想要我，都被我拒绝了。

羽安以为我是在等待着那个关于婚纱的约定，他开始拼命地攒钱。他说终有一天他会光明正大地娶了我。

其实，他不知道，自从我被周启文抛弃后，我已不再相信爱情，更不再相信等待。我迷恋的是扮演的场景中被强暴的感觉。然而，这些生活中他却不能给。

戏里，我们只是别人阴暗的爱情替身。

6

一连几天，羽安不再拉着我出去找表演的机会，而是一个人早出晚归，神出鬼没。我问羽安的原因，他总是还我一个神秘的微笑。

第三天，羽安回来的时候，单膝跪地把一枚钻戒戴到了我的无名指上。他在正式向我求婚。羽安说，这几天他在外面买了一套房子，他要在曼谷这个大都市里给我一个幸福的家。

我感动地流下了泪水，自从和周启文分手后我第一次为自己而流泪。

我和羽安连夜把简单的行李搬到了那个大房子里。羽安在浴盆里放了很多玫瑰花瓣，帮我洗了一个美丽的花瓣浴。然后，羽安关掉了房间里所有的灯，点上了蜡烛。这个细心的男人知道我强烈的思想情结，在用心营造着中国人洞房花烛夜的气氛。羽安认真地吻着我身体的每一寸肌肤，从发丝到耳垂到脖颈到胸到小腹，一直向下，我的身体和我的心在那一刻同时盛开。我热烈地回应着羽安。

然而，就在他即将进入我身体的时候，我又想起了我们模拟的场景。我对羽安说："强暴我好吗？"羽安似乎不相信自己的耳朵。

我说："羽安，像我们表演的一样要我吧，那是我们爱情开始的地方，我需要你给我那样强烈的感受。等到我们下次表演的时候，好吗？"

羽安无语。那一场欢爱无疾而终。

7

我们搬到大房子后的第一场表演又是一场强奸案。案件在一个阴暗的仓库里发生,然后女主角裸体跑了出去。起初工作人员只拍摄外部场景并进行录音,等到女主角跑出去后再拍摄情节。

当羽安撕扯我的衣服的时候,我忽然动情地吻了上去。羽安终于经受不住我的诱惑,强奸变成了一场欢爱,痛苦的尖叫也变成了快乐的呻吟。

可能是外面的工作人员感觉声音不对吧,不知道是谁忽然拉亮了了仓库里的灯,镁光灯齐刷刷地闪了起来,但是我还是做在羽安的身上忘情地运动着。观众们有人开始大骂“贱人”、“婊子”,也有人在庆幸现场观摩了一部“真人秀”。

羽安承受不了这份尴尬,他迅速穿好衣服,消失在人群之中。之后的几天,他没有回过那个房子,手机也关机了,我无论如何联系不上。

我想对羽安说,我并不是想给他难看。只是那时候我不相信爱情,所以我迷恋上了模拟场景中被强暴的感觉,我只想让他用这种方式来爱我。

现在,我仍每天守在我们的房子里,等着羽安回来。如果羽安回来后,我一定会给他一份正常的爱情,从此我们不再做别人的替身,我要做他幸福的小女人。

可是,羽安还会给我这样的机会吗? 私

寂寞里，让我遍体鳞伤的欢爱

把签好字的离婚手续放在桌子上，只剩下一个破烂不堪的子宫的我已经不能再失去小小，尽管我不喜欢他，可是黑暗里拥着这个小小的身子我才会有活下去的力气。

1

每天的午后,我都喜欢穿着那件蜜色的真丝睡衣慵懒地躺在铺满阳光的地板上,迷离着眼看着天花板上富丽堂皇的水晶吊灯发呆。

生活也许就该是这个样子的,一如和丰庭的爱情,恋了七年,没有分手,于是理所当然结婚,一场轰轰烈烈的爱情终于修成正果,男才女貌。丰庭的公司已经开始有些声色,我则辞去了外企的工作,全力辅佐老公,一切完美得仿佛天衣无缝。

可是穿上华美婚纱那刻我心里却有丝丝的落空,最开始我确信我和丰庭是爱着的,可是恋得太久,相望的时候甚至可以把彼此的身影当作空气看透,便再也寻不到当初的激情,爱的心也变得迷茫起来。

隆重的婚礼上我静静地望着喧闹的人们,仿佛一切和我没有许多关系,我在丰庭眼中也读到了心不在焉。站在神圣的牧师面前的我突然有种想笑的冲动,如果只是为了那个诺言,那么丰庭真的可以不用娶我,我也不会怨他一句,可是到了嘴边却成了深情的盟誓,人生有多少时刻都是口不对心的。即便是躺在那张大红的婚床上,依旧麻木。

我和丰庭早已经不是第一次,五年前还充满激情的时候,我就已经将自己的第一次交付给了他,望着床上的点点落红,丰庭将我拥在怀里吻着我的头发发誓说这辈子非我不娶。这个商人真的很守信。

同居的五年间我为身上运动的这个男人做了三次流产。第一次是我自己去的,很怕,怯生生的,希望丰庭在身边,可是我没有告诉他,我不愿因为要挟得到爱情;第二次我依旧是一个人去体会那撕心裂肺般的痛,丰庭刚开始办公司,一切都还是未知数,我不想增加他的负担,心里甚至认定女人也需要对自己的爱情负责;第三次医生说,不可以再做了,不然以后就怀不上了,但我还是做了。

于是我想也许真的该庆幸丰庭还肯娶我,在我姿色已经开始衰败的年纪,这个男人声势浩大地娶了我,给了我富足的生活,或许我更该感谢。

结婚后我不再避孕,我怕我会连第四次怀孕的机会都没有了,可是丰庭却更加忙碌。尽管我不清楚这个男人会不会在外面风月无边,但是我从不想问,因为我甚至企盼他不要回来,我太怕他回家后埋在大堆的文件里只留给我一个背影的寂寞。

2

一个人的夜感觉寂寞就像是蚀人的虫子一样,一点点地要将我吃掉。丰庭打来电话说周末要去上海见几个重要的客户,有个酒会需要带我参加。我木然地试着丰庭派人送来的礼服,仿佛量身定做一样的腰身,我的背完美无瑕地呈现在镜中,觉得丰庭还是体贴的,可是想起又将对着许多虚伪的客套,我又提不起一点兴致。

丰庭比我先到上海的,我一下飞机便钻进了美容院,当我顶着美容院做好的盘发,穿着黑色裸背的礼服,轻挽着优雅的披肩,踏着七寸水晶高跟鞋,摇曳生姿地出现在丰庭的面前,我看见了丰庭眼里的赞许,一个成功的男人有一个很拿得出手的太太毕竟是一件体面的事情。

挽上丰庭的胳膊我开始了一场面部肌肉的演出,一直微笑,对所有人浅浅地微笑并优雅地点头,至于丰庭介绍的每个人的名衔,一个也没有装进耳朵,这本来也和我没有什么关系,这只是一个需要用我为丰庭做装饰的商业晚宴,别人只要知道我是丰庭的太太,这就已经足够。

已经是深夜了,丰庭说这个酒会基本上不会有什么有价值的收获,便起身离去,说是要去拜访一个什么朋友,告诉我玩累了就到23楼订好的房间休息。这样的深夜丰庭依然有朋友在等他,多少让我有些懊恼,其实早就倦了,可是想到回去依旧是自己,还有些许的赌气,便躲在角落里自斟自饮了几杯红酒。

有些浅浅的头晕,想应该趁脚步还未散乱前回到房间,离开大厅走进电梯,空无一人,这样喧嚣的夜仿佛突然到了一片净土。我散落挽起的长发,把披肩扔在地上,甩掉让我的脚掌生疼的七寸高跟鞋,赤脚站在上面,斜倚在角落轻轻地揉着有些酸的脖子,看着电梯一层层上升的数字,身体开始一点点的燥热,想该是酒的力量上来了。

跳到6楼的时候电梯突然当的一声停了下来,门开启的瞬间,一个倚在门上的男人直接映入我的眼帘,清瘦的身材,高高的个子,笔挺的西裤,抬头的瞬间有些颓废的深邃眼眸,让我瞬间迷醉在里面。男人呼着重重的酒气,玩味地看着我,这样深的夜,一个眼神直接,半露酥肩的漂亮女人怎能不让人想入非非。

男人一点点靠近,我后退一步,却异常娇媚地对他浅笑,男人将我囚在角落,轻轻地俯下身,小心翼翼地将唇覆在我有些清苦且还带着些许酒香的寂寞的唇上,一点点地深入,然后狠狠地开始掠夺。

我的身体一点点地柔软起来,瘫在男人的臂弯里,仿佛要融化在这个男人火热的手掌上,男人的手顺着我的腿掠过长长的裙摆,一点点向上攀延。为了在陌生的环境和丰庭找到久违的激情,我大胆地不穿内裤,任裙下的欲望赤裸,可是丰庭却要去见一个等他到深夜的朋友。

于是,我没有拒绝,甚至迎合着那双手的撩拨,所到之处的每一个毛孔都在战栗，我的腿慢慢抵住男人的坚硬。突然电梯停了下来，23 楼到了，一切随声而止。

我的脸骤然地红热起来，想自己真的喝多了，顺着男人的肩下钻了出来，迫不及待地奔向自己的房间，男人一直随在身后。我明白男人此刻的欲望有多高，我的身体已经告诉了我答案，在男人马上要追上来时我打开了房门，瞬时将一个欲火焚身的男人甩在门外，倚在门上的我依旧可以清晰地听见外面男人粗重的呼吸。终于，男人离去的脚步响起，我迅速地转过身透过猫眼却看见男人进了对面的房间。

我用力地深呼吸，打电话给丰庭，我被撩拨起来的欲望已经胀满了身体，电话终于被接起。"庭，什么时候回来？"我的喉咙被烧得有些哑。

"喔，对不起宝贝，我刚接到电话先回公司了，因为有个竞标手续要赶，你明天自己坐飞机回来吧。"

直接挂断电话，我无力地瘫坐在地上，可是发烫的身体让我突然发现自己一点都不讨厌对面的男人，甚至有些想念。我甩甩头发站起身用力关上房门，径直走进对面虚掩的门里。

"我出来忘记带钥匙，能不能在你这留宿一夜？"男人站在我面前似笑非笑地听着我太过赤裸的谎言，一把将我扯进怀里。

"你知道你的样子有多风骚吗？"男人低哑的喉咙里仿佛可以听见干柴燃烧的爆裂声，两个快要燃着了的身体顷刻间纠缠在一起，我的身体在男人的手下渐渐盈动起来，仿佛有一汪潺潺的泉水被引出。

我狠命地咬着男人健硕的臂膀，一阵剧烈的冲撞终于让男人停止了运动，重重地伏在我的身上，我感觉得到一股热流在身体里弥散。

精疲力竭的两个人仰躺在床上，男人满足地吸着烟，抚着我的脸，低声说："感觉真好。"

我说："我也是。"

男人问我："你叫什么名字？"

我咯咯地笑着说："我叫桃花你信吗？"

我想也许只有这样艳俗的名字才合得上我今夜的放荡。

男人问我："还会见到你吗？"

我说："不知道。"虽然我确定不会。

我们睡下的时候天已经蒙蒙亮了。男人睡熟时我起身离开，走时从他钱夹里抽走两张钞票，就让他真的当我是一个廉价的放荡女子吧，这样会更不容易想起。当男人醒来的时候摸着身边凉了的位置，也许会以为昨夜那场极致的欢爱只是一场醉酒的梦。

我坐在飞机上闭上眼睛，昨晚的一切依旧历历在目，轻轻地抚摸自己唇，竟有些怀念那个男人的温存。回到家很难得地看见丰庭坐在客厅的沙发上看电视。

"宝贝回来啦！"

我躲过丰庭的拥抱，说太脏了得先洗个澡，其实我怕身上会残留那个男人的气味，泡在浴缸里我抚摸着自己的身体，突然发现皮肤润泽了许多，不觉脸红起来，难怪都说女人需要滋润。

丰庭跑进来三下两下脱光衣服硬是要一起洗，说："好想你宝贝。"

我想他一定是有什么高兴的事，不然不会有这样好的兴致，果然丰庭告诉我竞标很成功，这个项目会使他的财富翻一倍。

我说："祝贺你啊。"

丰庭拥着我说："该是祝贺我们，宝贝！"

我突然感觉丰庭是爱我的，可是在丰庭的怀里我竟想起了那个男人健硕的臂膀，那夜我在丰庭身下找到了久违的激情。

躺在丰庭的怀里，我的眼泪慢慢地滑到他的胸膛上，丰庭慌乱地问：“怎么了宝贝？”

我说：“没什么，只是觉得很爱你。”

丰庭轻轻地擦去我的泪水说：“对不起，这些年忙事业，都忽略了你，以后不会了。”

那一夜丰庭要了两次。接下来的日子尽管丰庭更忙了，可是总会抽出一些时间陪我，我再也不曾觉得寂寞，心里满满地填着他的影子。

时间有的时候真的会荒芜了心里的爱，可是如果这爱还没有走掉，剥去时间的茧两颗没有走远的心依旧会靠近。

3

当我第四次怀孕的消息从医生的口中说出时，我激动地流下眼泪，我深切地明白这个孩子对我的意义。可是当医生告诉我怀孕的日期大约是我从上海回来前后时，我突然慌乱起来，难道命运真的要和我开这种玩笑吗？我痛苦地闭上眼睛。医生说这个孩子一定要小心，如果保不住，再怀孕的机会很渺茫，我沉重地点点头。

回家后我迅速打开电脑，搜索着关于怀孕的信息仔细地算起安全期，在上海的那夜是安全期的边缘，也会怀孕，我绝望地任泪倾下。

想起我无望的子宫，想着爱我的丰庭，想着婚后双方父母殷切的眼神，我决定从现在开始无论怎样我只相信并坚信这个孩子是丰庭的。擦干泪我抚摸着还平坦的肚子，开始甜蜜地构想我和丰庭的这个孩子的模样，抑制住给丰庭打电话的冲动，等着他回来。

晚上洗完澡，我闭着眼睛要丰庭抱到床上，然后搂着他的脖子说:“亲爱的,你要做爸爸了。”

丰庭愣了一下,“真的吗?真的吗,宝贝?”

我幸福地点点头,丰庭幸福地把我从床上抱起在地上转圈,将头伏到我的肚子上,“怎么不动呢?”

我笑着拍拍他的头,“他现在还很小呢,医生说一个星期后才能做超声,现在还看不见呢。”

丰庭轻轻地搂着我说:“宝贝,这个孩子可是我们的幸运星啊,他给我带来了好运。”

看着丰庭幸福的样子,我觉得那刻自己也异常地幸福。

第二次检查是丰庭陪我一起去的,当做B超的医生说我怀的是双胞胎时,丰庭兴奋地晃着医生的肩膀说:“医生给我看一下,在哪里,在哪里?我怎么没看见。”

回到家丰庭说:“从今天起你就是皇太后了,什么也不准干,家里再雇一个保姆专门照顾你。”

我说:“不用了,只要你多陪陪我就好了。”

丰庭拍拍胸脯说:“以后的原则就是老婆第一。”

从怀孕的那天开始,我每天都深深地凝视丰庭,一个人时我就专注地看他的相片,看我们的婚纱照,每天的夜里只有拥着丰庭才能入眠。曾经听人说过,怀孕的时候常看的人会决定孩子的相貌,我对这句话深信不疑,我的心底还是怕万一的出现。

快到预产期的时候,我每天都惶惶的,结果早产了半个月,孩子是剖宫产生的,两个男孩,手术的时候虽然用了足够的麻药,我仍旧抑制不住战栗,我明白自己有多怕。孩子一取出来我就要求看看他们,模糊地望着那皱皱的小脸,我硬是看出了丰庭的模样方才安心地睡去。

两个孩子可爱极了,丰庭很喜欢他们,每天醒来的第一件事情便是亲吻他们,我们分别为他们取了小小、乐乐两个名字,我们希望我们的两个孩子能够健健康康,快快乐乐地成长。全家人都围着这两个孩子转,两个孩子长得不太一样,医生说双胞胎中会有这种情况发生。

可是孩子半岁以后我发现他们越来越不像。乐乐的皮肤很白,头发柔软,不胖但肉肉的,像丰庭的翻版;小小的皮肤有些黑,头发很挺,眼窝有些深,有些瘦,个子也要比乐乐高不少。看见他总让我不由得想起上海的那夜,那双深邃的眼睛。

我开始不住地懊悔从上海回来和丰庭在一起的那夜想起过那个男人,我把小小的相貌归罪于和丰庭创造他时想到那个男人。我总是莫名地不喜欢这个孩子。

母亲帮我带孩子的时候也总会自语:"这孩子长得像谁呢?咱们家里也没有皮肤黑的人啊。"

丰庭总是笑着说:"能像谁,像我呗,可能在妈妈肚子里时睡在外面,挨着妈妈的肚皮所以晒黑了。"

每当这时我的心里都有些酸,为丰庭傻傻的爱。我想我以后一定要好好地爱他,但是我愈发地不愿意看小小。

两个孩子玩耍的时候,乐乐总是很照顾小小,这个孩子天生就充满了爱心。可是在乐乐 5 岁的时候,一次玩耍时不知道碰到了哪里,鼻子不停地流血,小小惊慌失措地喊着妈妈。看见快昏迷的乐乐,我用力把小小推到一边,顾不得哭泣的小小,我把乐乐送到医院,医生的诊断让我顿时觉得天旋地转,急性淋巴细胞性白血病!怎么可能?我如此可爱的乐乐怎么会得这样的病,我一遍遍地问丰庭。

医生说:"现在最好的办法就是骨髓移植,除了乐乐你们还有别的孩子吗?""有,他还有一个孪生的哥哥。"医生说这样几率就大了许多,让我们马上带小小过来一起做骨髓移植配型。等待结果的时候,看着病床上几天之间变得虚弱不堪的乐乐,我的心都要碎了，我的眼泪一直往外涌，擦也擦不干，天使一样的宝贝，老天真的是在惩罚我吗？为什么不直接来惩罚我？

丰庭抚着我的头不停地安慰，“没事的，小小一定可以救乐乐的，医生说孪生兄弟配型成功的几率几乎是100%。”

配型结果出来了，小小与乐乐和丰庭完全没有血缘关系。

“但是他是我的儿子，”丰庭的脸扭曲地抽动着，他揪住医生的领子，大声地吼，“一定是搞错了，他们是孪生的。”

医生镇定地解释：“双胞胎同母异父的情况从生殖原理上来讲是有可能出现的，但是不同精子的双胞胎，几率估计是几千万分之一。”我晕厥过去，那刻我希望我可以直接死去。

乐乐快离开的时候一直说：“爸爸妈妈不要伤心，我是去天堂，隔壁的姐姐说好的孩子才可以去天堂，我走了还有哥哥陪你们啊。”

丰庭一直不和我讲话，一直到乐乐走也没有看过我一眼，我希望他能狠狠地打我一顿，可是我想我已经没有这个资格。

我带着小小离开了和丰庭的家，把签好字的离婚手续放在桌子上，只剩下一个破烂不堪子宫的我已经不能再失去小小，尽管我不喜欢他，可是黑暗里拥着这个小小的身子我才会有活下去的力气。

电波之端，不能说的秘密

在离开林生的日子里，我失去了一个情人，我也许这辈子都不会有情人，那本是我灵魂和肉体最统一的一个情人……

1

在我即将度过 29 岁生日时，我遇到了林生。林生是在我生日聚会上认识的，我们的开始竟然很单纯，正如我从前幼稚的 18 岁，我羞答答的，他也是。我被他牵手，被他约会，被他送花，和他小别，然后就是我甜蜜蜜的思念，直到不能自持。

林生不仅帅气，还很会哄女孩子开心，他说过，“我要让你像今天一样永远开心。”他说话的时候眼睛里闪着泪光，我就是被这句话感动了。

但我们的交往却遭到了我父母的强烈反对。我靠父母的关系，我进了当地一家很大的国有企业，收入较丰厚；而林生学的是地质专业，家在贫困的山区，毕业后他一直没有找到对口的工作，至今仍在一家小公司当业务员，月收入很微薄，可我并不在意。一向安逸的我并不知道柴米油盐之事，我以前只看琼瑶小说，一直以为爱情是世界上最美好的东西，爱情是无敌的。

但父母了解到他的状况后，坚决反对这门婚事，认为他家境贫寒，年龄比我小 4 岁，以后不会待我好，父亲甚至以断绝父女关系来威胁我，母亲哭着以死相逼。父母的横加干涉激起我的逆反心理，我觉得他是世界上最好的男人。

我不会看走眼，为了不让父母伤心，我决定暗度陈仓。林生却很内疚，他认为是他破坏了我和父母的关系，他说我们先可以做情人，并说我其实就是他最爱的妻子加情人。我好感动，也好憧憬。有人说过“妻子是最好的情人”。

就这样，我们享受着无不美好的情人生活，在短短的一年中，我的分分秒秒都是幸福的，我正在用事实证明父母是错的，我有信心让他成为我的正式老公，可是我却想不到错的竟会是我。

2

一天林生回来说他跟上司闹翻了，他想换一家公司。就这样他再也没有找到过一份如意的工作，他专业不对口，大公司进不去，小公司又不愿意进，觉得工作辛苦薪水又低没面子。我想不到这竟然会是我噩梦的开始。

他经常情绪低落，感叹怀才不遇，我则经常给他打气鼓励他，更用女人的无限温柔对他。我坚信我的眼光不会错，可他还是高不成低不就，没工作脾气却见长，变得敏感暴躁，我一提到与工作相关的话题，他就借故发脾气摔东西。我体谅他的心情，一般不跟他争吵，尽量在他面前不提他找工作的事，我不想伤害他的自尊心。

刚失业那会儿，他花的是自己的积蓄，不肯花我的钱，也几乎断绝了跟以前的朋友的来往，平时不出门，只在家躺在沙发里看电视，要么躺在床上睡觉，家里的生活费和供房都是我一个人负担。

两个月后，他说手上没钱了，我每月除给他买生活用品的钱和生活费外，还给他一些零花钱，一般每次三五百元。开始是我主动给他零花钱，后来就隔三差五地说没钱了，直接找我要，有时还嫌少。一次他说要请一个很久没见面的老朋友吃饭，我给他了400元，他阴着脸狠狠地甩在地上，说我是在打发叫花子，我则在暗自伤心。

闲得无聊会让人心理扭曲，我很希望他能工作，不期望他赚多少钱回来，只是希望他精神上有个寄托。但只要我一提起让他找工作，他就发脾气摔杯子摔碗，说我是在看不起他，是在指桑骂槐地侮辱他的人格。就这样，我们的争吵渐渐升级了，尤其让我气愤的是他老家的电话，那些电话简直就像要吃人。

3

林生是个很爱面子很虚荣的人，最近，他越来越喜欢在农村父母亲戚面前炫耀摆阔。他的家人经常给他来电话，他的来电显示的记录全都是老家的，只要有老家来电话和短信，他便向我要钱，说为那些老家来的亲戚安排食宿还要包买车票，有时亲戚临时找不到工作，他也向我要钱付他们生活费，走时还要“借”走几百元不等的回家路费。

慢慢地，他的好名声渐渐在老家流传，林生经常得意地让我看他的短信，短信上全都是溢美之词，说他成了他家乡亲戚眼中很有出息的人，因为刚刚提升为部门经理，收入直线上升。付这些比较小的费用我虽然不是很高兴，但因为爱他，把他当成真正的老公，所以也就没有过于计较，我尽量做到有求必应，不让他在亲戚朋友面前失了面子。

正因为如此，林生就越来越放肆了。有一天晚上他的电话又响了，我递给他电话时又瞥了那个电话一眼，上边是他母亲的电话。果然，我的那个未来小姑子要出嫁，他母亲打电话来说要我们送 10 000 元的嫁妆，因为在她眼里，城里的儿子是发了大财的。

我一口回绝了这件事。一是因为他没有收入，我一个人的收入要供房和负责家庭开销，而且哥哥送妹妹 10 000 元的嫁妆在农村也是很少见的；另一方面是气他连自己都养不活，还喜欢打肿脸充胖子。

几天后，我出了趟差，回来发现银行卡里少了 10 000 元，我气愤地问他，他说他妈从老家来了，他取了 10 000 元给他妈带回去做妹妹的嫁妆了。后来为了他妹妹的婚事，他又花了我 8 000 元钱……当他偷偷刷我的银行卡时，全当我不存在一样，我感到我就像一个傻傻的提款机。

为这些事我们经常吵个不停,刚开始时他还用甜言蜜语哄我,可是时间久了,我们都累了。但事情依然在继续,这年春节我值班,林生说老家父母哥嫂侄女去省城玩了六天,他要全程陪着,他找我拿了 5 000 元钱,后来他又给我打电话,说他们去商场买了 3 000 多元的衣物礼品,钱不够家人被商场扣下了,他说马上到我这取钱赎人。

在放下电话那一刻,我有些迷茫,我扪心自问,这难道就是我要找的白马王子情人老公吗? 在那一刻,我突然想起了父母对我说的话,我开始想他们。

他真得让我有些绝望了。不知从什么时候起,争吵成了我们生活的主题,起因多半是因为他的家人来要钱。他的父母经常打电话来说这个亲戚要嫁女那个表弟要结婚,都要我们送礼,礼金最少得 500 元以上,我不同意,他就找碴跟我闹别扭。

每当我晚上带着一身的疲惫回来时,就会看到他,一个四肢健全的大男人懒散地窝在沙发上,眼睛死盯着电视,神情涣散。我的沮丧和失望就透心地寒凉。

我相信了当初父母的眼光,我甚至拨打了午夜电台的倾诉热线,那个主持人在电话里说,如果我们之间没有感情,就让我挥剑斩情丝。但我却斩不断,常常在私下念他的好——恋爱时他含情脉脉的拥抱,机智幽默的笑话和柔情似水的做爱。

记得有一次我们旅游时翻车了,他背着重伤的我一口气走了整整一夜,我永远不能忘记这些。有人说情人是精神和肉体的完美统一,可这种统一却在我们之间慢慢地分崩瓦解。

4

后来,林生越来越让我忍无可忍,他为他的不工作找出一整套冠冕堂皇的理由来。一次我的表妹出嫁,我说打算送表妹 500 元钱,他一听就不高兴说送多了,我也很不高兴说我送的是自己的钱,他冷笑着说我这是在变着法儿羞辱他没有工作,并说出一套让我瞠目结舌的理论。

他说我们虽然没有夫妻之名,却有夫妻之实,送多少礼金,必须得跟他商量经过同意才可以,我哑口无言。我感到我的爱情渐渐地死了,可我却没有勇气离开他,也许因为我们曾经深深地爱过。

终于有一天,他手机里的一个电话让我愤然。他晚上在熟睡时,他的手机响了,我拿起一看,上边的号码不熟悉,并不是那些老家的亲戚,而是一个陌生的号码,电话的另一端响起了暧昧的声音,是一个娇滴滴的女人,她一听不是林生接便挂了。

我不动神色,后来我发现,他的手机总是有那个神秘的号码,每当他接这个电话时总是神秘兮兮。作为女人我完全明白了,这个混蛋竟然在和外边的女人鬼混,花的当然也是我的钱,那天我哭了一整夜。

就在一个早晨,我提出分手,林生先是愣了一下,然后一阵冷笑后,他淡定地走了,他走到门口时回头冷笑着说:"怎么? 不愿意养我了? 我告诉你,你不愿意养我,有人愿意养我,人家可是一掷千金的富婆。"

我知道他提到的那个富婆,就是他手机来电显示里的那个女人。我想不到林生竟然会无耻到这种地步。在林生走出家门的时候,我百感交集,但突然间我好像解脱了。

5

就在林生离开我的一周后,一天交警突然通知我林生死了。

他在一个凌晨出了车祸,我骤然傻了。在后来的几天,作为林生的生前女友,我协助他的家人办理了他的后事。就在办完后事的那个晚上,林生的母亲和我谈了一次话,说林生生前买下几笔大额意外伤害保险,按照他的遗嘱,我将获得赔偿保险金中的20万元钱。

那个白发苍苍的母亲还谈起有关林生的事。她说我和虽然没有我和林生没有正式登记结婚,但他们全家都把我当成最好的儿媳妇,她说林生最后的遗书让他们知道了全部的真相,但林生说不让告诉我。她母亲说话时已经泪流满面,她说如果不告诉我,也许对不起林生的在天之灵。我终于听完了我和我情人林生的全部真相。

林生半年前查出得了早期癌症的前兆,他因此辞职,并且为了不让我担心,瞒着我偷偷治病,医生对他的病很有信心,说他的病情只要及时治疗完全有康复的希望,医生的诊断重新燃起了他战胜病魔的决心,而林生更是想尽早痊愈,可是治病的钱很昂贵。

于是,他用各种方法向我偷偷地要钱,可是他的病情不但没有好转,而且越来越重,并且已经出现了不可逆转的病灶。

他绝望了,并且不想拖累我,他准备离开我,用一种慢慢让我讨厌的方法离开我,只有这样,我才能在不悲痛的情况下远离他。于是,他开始用一个新的理由向我要钱,他利用网上买来的一个来电显示软件,那个软件很方便,只要输入任何一个号码,在来电显示上就会显示他想要的号码。

于是,林生的手机上便多出了很多亲戚的号码和熟悉的短信,但我依然并没有远离他,我的忍耐程度远远超过了林生的想象,林生知道那不是一般的忍耐,而是一个女人最大的爱,这恰恰让林生更痛苦。他曾经多次想向我哭诉真相,可是他没有,如果那样做了,他就会前功尽弃,他所爱的人会更加痛苦。不得已他用了最后一招——“情人来电显示”。

并且最后用自己的生命对我进行补偿，那些微薄的保险金也许补偿不了什么，林生认为它离我对他的爱相差很远很远……

在离开林生的日子里，我失去了一个情人，我也许这辈子都不会有情人，那本是我灵魂和肉体最统一的一个情人，很久很久后，每当我想起他，我的眼泪都会夺眶而出。

记忆内存里无法删除的病毒

赵文一直以为我是一个宽容大度的女子，但他不知道，是我破坏了他和媚的婚姻，还让他患上了男人最难以言喻的疾病。更重要的是，我对他，已经没有了当初深厚的爱意。

1

如果我没有租住在城南丽苑小区的房子，便不会认识赵文。

两年前的一晚，凌晨时分，为了排遣失眠的无聊，我拿着刚买的索尼数码相机，探出窗外，想拍夜景，却赫然看见对面D楼10点钟方向的一个阳台上，一个穿着休闲服、气质儒雅的男子正朝我这边张望。

见我，他冲我举起手中的茶杯，笑笑，以示招呼。

在无聊的夜晚，见到一个外形并不令人厌烦的男子，使我有些兴奋。我突然举起相机冲他按了几下快门。男子一脸惊讶地再次举起手中的茶杯，但这一次，我知道，他在抗议。

我立即缩回窗内，为自己的恶作剧哈哈大笑。

第二天早上，我刚走出大楼，便看见昨晚的那个男子提着一个公文包，在大楼门口徘徊。

“你昨晚不经我的同意，拍下我的相片，侵犯了我的肖像权，现在，我给你两个选择：一，把相机里的我删掉；二，请我喝早茶。否则，我天天早上在这儿等你。”男子一直保持着笔挺的姿势，谦逊有礼地说。

在十月秋高气爽的清晨，一个年约30岁的男子以这种方式出现在一个年轻、尚有些姿色的女子面前，她如何不明白他真正的意图呢？因此，我微笑着说：“我选第二个，行吗？”

男子点头，一脸的笑容。

赵文就这样进入我的记忆内存中。

2

后来，赵文笑着说，他买下丽苑小区的房子时，就发现对面E楼住着一个美女，可惜找不到机会接近，没想到，突然一天晚上，她拿着相机就送上门来了。

被人关注，尤其是被一个你并不讨厌的男人关注，自然是令人欣喜的。赵文外形俊朗，且温文尔雅，是证券公司的经纪人，对于正处在感情真空期的我，无疑是个好伴侣。很快，他便经常出入我的房间。

每次，在他来之前，总会事先发一条简洁明了的手机短信——“我来了。”有时在深夜，有时在傍晚时分出现在我的手机屏幕上。

赵文来了。他的手探进我的身体游弋徘徊，我便紧紧地贴上去。此时的我俩，如在幽暗的汪洋中，在赵文的引领下奋力游动着寻找彼岸，在终于到达彼岸的一刹那，他总会紧捉着我的一只手，大喊一声，而我，在他的喊声中幸福而又满足。

通往女人的心路，有时笔直又曲折，赵文娴熟的缠绵技巧和在缠绵中对我的处处体贴，使我不设任何路障，便让他顺利到达我的心。

两个多月的相处，赵文已渐渐成为我生活中最重要的一部分，我以为我们亲密无间，但却发现，赵文给了我亲密的爱欲，却给不了我心心相知的感情。

连续出差三天后，我回到小区。我想给赵文一个惊喜，所以，我没有告诉赵文我回来了。夜色已晚，从我的房间看对面楼，可以看见赵文房间的客厅，客厅的落地窗没有拉上窗帘，只有昏暗的壁灯亮着。

我知道，赵文在夜晚外出时，喜欢给自己留一盏灯。或许他出外应酬仍未回家。我想他，给他电话，关机。正在我感觉异样时，赵文开门，随即，一个年轻的女子出现在他身后，两人拥抱，两具身体纠缠着……

震惊、心酸、愤怒一瞬间袭击了我。我的眼泪急急地流。

3

赵文低着头，任我哭骂完后说，年轻女子是他大学时的前女友，突然来找他，他控制不住，与她重拾一晚旧情而已。

“为什么不带她到酒店？你是玩腻我，想抛弃我，存心给我看见吧？”我狠狠地说，心里又酸又痛。

“她不喜欢在酒店，她想和我重归于好。而且，我以为你出差没有那么快回来。但是，你相信我，我不是在玩你。”赵文扳着我的肩，神情恳切。

我说：“那么你想和她重归于好吗？”赵文的眼神呆了呆，摇头，但却是犹豫的。

他的犹豫刺伤了我的心，我用力扳开他的手。我只想专一地拥有一份爱，但被情人在自己的眼皮底下背叛，有什么比这痛苦？

我说：“分手吧。”

以为赵文会挽留，但他一直低着头，良久才说：“也好，你应该能找到更好的男人。”

转身的一瞬间，我突然想：如果没有那个女人，赵文会背叛我吗？

4

在小区门口，我遇见赵文和他的前女友，不，是和他重归于好的女友媚。媚举手投足间，娇媚四溢，这样的女人，连女人都会心动。我心中暗叹：难怪赵文无法抵挡旧爱。

赵文神情紧张地看着我。我一脸平静地笑笑，冲他打了个招呼，便自顾自走了。

半个小时后，我收到赵文的短信，“亚黛，谢谢你，你是个宽容大度的好女子，是我对不起你，祝你幸福。"我笑笑，想，原来赵文会如此矫情。

我回："也祝你幸福，我们仍是朋友。"然后，我看着手机屏幕，为自己的矫情。

年轻男女若想交朋友，只要肯放下清高的身段，朋友自然能交得上。有几次，我在小区门口遇见媚，一来二去，我俩便聊了起来。于是后来，我不仅和赵文仍是朋友，和媚也成了朋友。

我知道赵文有些疑惑，但当他看见我和媚有说有笑时，他冲我露出感激的笑。

媚大约一周三次来赵文这儿。有时，我们偶尔一起逛街喝茶。

那天，我打电话给媚，说有些无聊，想找个人逛街，问她愿意陪我吗？媚欣然应允。

我们边逛边聊，媚说到赵文时，一脸的笑意。

"我和赵文分过手，但我知道他还爱着我，所以，我从国外回来后，又去找他，我不想那么快和他同居，是不想破坏我们的新鲜感。"媚的脸上，是一种骄傲的、一切握于股掌之中的笑。

我笑笑不语。

5

赵文和媚要结婚了。给所有的朋友发了结婚请柬，当然，我也收到了。

我在街上逛了很久。终于，在他俩结婚的前夜，我选了一套乳白色的有淡淡百合花的床上用品还有一个台灯、一个落地灯当作贺礼。

媚很惊讶地说："其实你不必花费那么多的。"

我说："没关系，我在这城市无亲无故，能认识你们，我挺高兴的，我把你们当哥哥和嫂子的，你俩不是都喜欢白色吗？我就挑了这些，你们别拒绝我的礼物行吗？”

媚连连说：“不会不会，你是我的好朋友，我也挺喜欢这套床上用品的。”她立即换上了我送的床上用品，又把台灯放到床头柜，把落地灯也放在了卧室。

“你看，全都派上用场了，真的谢谢你，亚黛，你真好。”媚笑着说，赵文也用感激的眼光看着我。

赵文和媚终于结婚了，媚也搬进了赵文的房间。他们每天一起上下班，像任何一对恩爱的夫妻。这时候，我也渐渐忙起来，每天早出晚归，但有时夜里失眠，我会望着对面楼，望着赵文的阳台，看着阳台上晾晒的衣服在夜风中轻摆，偶尔，夜风会把赵文的衣服和媚的衣服纠缠在一起，我便有些欷歔。

我想，赵文选择了媚，他真的会幸福吗？

但媚对我说，她并不幸福。这时候，她和赵文结婚三个多月了。

“赵文又帅，收入又高，又爱你，你怎么会不幸福呢？”我问媚。

“亚黛，算了，我还是不说了。”媚一副欲言又止的样子，还是没有回答我的问题。

媚不肯说，但赵文却告诉了我。

赵文说，媚嫌他男人味不够，还有，媚患了神经衰弱症，经常夜不能成眠，他和媚经常争吵。

“当初不答应她重归于好，和你在一起，或者我们会幸福吧。”赵文叹息着说，认真地看着我。

我躲开他的视线，说：“或者吧，但是，既然你选择了媚，我只能祝你和媚天长地久。”

6

但是，赵文没能和媚天长地久，他俩结婚大约半年后，离婚了，媚搬出了赵文的房间。

赵文来找我。

他呆在我的房间，很晚了，仍没走。我一袭白色性感睡袍，在他怀里娇艳盛开，他的身体如火炉，温热了我的身，却无法使我燃烧。他努力了好久，终于沮丧地说："对不起，我不能。"

我笑笑说："或者，你重新装修一下你的卧室，把所有的东西，比如床上用品、灯具什么的全换了，可以重振雄风吧。"

赵文惊讶地说："没事折腾这些干吗？"

"听说，离婚后的人，重新布置卧室里的东西，下一次婚姻会很美满的。"我编了一个小小的谎言，回答他。

其实，从我那次出差回来，看见媚出现在赵文的房间里，我的心里就种下了一颗怨恨的种子。后来，在小区门口看见赵文和媚后，他给我发短信，感激我的宽容；再后来，他和媚给朋友们广发结婚请柬……这一切，都让我心里那颗怨恨的种子发芽、生长、开花。

我送给赵文的结婚礼物——落地灯和台灯，其实是我找人特制的黑光灯，而那套乳白色的床上用品，是能让黑光灯发出伤害身体的荧光的。

那天，收到赵文和媚的结婚请柬时，我在街上逛了很久，无目的地进了一家网吧，在网上乱逛时，意外看见了一个介绍男性是如何患上 ED 的资料。

资料上说，黑光灯是一种看上去像普通的白炽灯泡一样的灯，但是，它能放射出肉眼看不见的紫外线，并且能诱使白色物体比如白色布料发出荧光。当人在黑光灯和荧光的长期照射下，男性会性欲减退甚至ED，女性会月经不调或者患上神经衰弱。

所以，赵文在与媚结婚近一年，施展雄风的机会越发地少，加上媚在黑光灯的长期照射下，身体渐渐不好……

当一对同床共枕的男女没有了性的亲密，柏拉图式的婚姻还能维持多久呢？

7

赵文果然听从我的建议，重新装修了卧室。在他向我求婚的第二天，我辞职了，搬离城南丽苑小区，换了手机号码，启程前往另一座城市。

是的，我报复赵文的目的达到了，但每次面对仍然无法恢复雄风的赵文，我的心中，不是高兴，而是难过和对自己的唾弃：赵文一直以为我是一个宽容大度的女子，但他不知道，是我破坏了他和媚的婚姻，还让他患上了男人最难以言喻的疾病。更重要的是，我对他，已经没有了当初深厚的爱意。

如果，你和向你求婚的男子，没有爱，也没有亲密的性，但又做了一件非常对不起他的事情，逃离，便成了一个选择。但是，逃离赵文，仍然无法让我忘记这段往事，它永远成为我的一块心病：因为，我曾经那么恶毒地设计过一个阴谋，它使我的心破了一个洞，永远无法愈合，我不知道，我怎么样才能把这段往事从我的记忆内存中删除。私

藏在母亲真丝内衣里的罪恶

看着那些熊熊燃烧的内衣火焰，我对着天国的母亲说："带走这一切罪恶吧，母亲！为我以后的生活祈祷并祝福吧，母亲！"

1

我从小没有见过自己的亲生母亲。父亲说在我很小的时候母亲就死了,因为车祸。

因为苏麒对我的虐待,我常常很怀念自己的母亲。每次被苏麒欺辱后,我躺在自己的床上彻夜哭泣,嘴里一直念叨着,“妈妈你怎么不在,你在该多好啊! 你在的话我就不会被人欺负了!”

父亲是个建材商,整天在外面忙生意,他对我的唯一关心就是问我要不要钱。我说要 200 他就会给我 2 000。而除了钱他几乎没有给过其他的什么。于是我的性格变得孤僻而内向,从小见到生人不是哇哇大哭就是躲到房间里连厕所都不敢上。

在我 4 岁的时候,父亲从外面领回来一个女人。我躲在父亲的身后,看着这个高挑性感的陌生女人手足无措。父亲对我说,以后这个女人就是你的妈妈了。那个女人走过来在我脸上狠狠地捏了一把,然后微笑着说:“小家伙还怕生呢!”

从此以后,我常常因为一点点小事而轻则挨骂,重责皮开肉绽,我被这个女人折磨得身心疲惫。由于父亲的生意做得很大,全国都开有连锁。为了生意他常常一年半载不见人影。这就为这个叫“妈妈”的女人提供了折磨我的温床,且在折磨我后而不留下任何蛛丝马迹。

我一直不清楚苏麒对我的憎恨是从哪里来的,难道仅仅就因为我是我父亲前妻的孩子吗?我不得而知,我只是明白这种折磨让我憎恨这个女人,憎恨父亲,憎恨这个家。我唯一怀念的只有我的母亲,那个我从来未曾见过的女人,我猜想她一定很美,至少要比这个叫苏麒的女人美上十倍。

从 4 岁开始,从苏麒进入我们家的那一天起,我预感到我的人生会因这个女人而改写。

起先,苏麒只是对我的身体进行折磨,也就只是对我百般刁难而已,大不了谩骂,重则我吃点皮肉之苦。可是,到了 12 岁以后,苏麒开始诱惑我尚未发育健全的身体,她常常将她的真丝内衣蜕下蒙在我的眼睛上,并且让我和她做男女之事。

我一次又一次被她这样虐待,刚开始时,我觉得那是一种痛苦,可是渐渐地,我开始喜欢上苏麒将真丝内衣套在我眼睛上的感觉。我在内衣里嗅着苏麒身体的味道,并在那种味道中甘愿被苏麒一次又一次地引诱。

更可怕的是,我发现自己渐渐的迷恋上了苏麒的真丝内衣,并在她的内衣诱惑下沉沦不能自拔。

当所有的一切平息过后,这个女人又会趁父亲不在的时候将我谩骂,将我打得遍体鳞伤。而当我面对父亲的责问时,我的回答是,这是我自己不小心弄伤的!而那个女人也会在父亲面前煞有介事地给我涂抹蓝药水。

如果说 4 岁到 12 岁,苏麒只是对我的身体进行摧残的话。那么 12 岁以后,苏麒则是对我的灵魂进行摧残。是这个女人让我在身心人格都还不健全成熟的情况下,涉足了男女之事。

这个女人用她的身体诱惑我,用她的真丝内衣俘虏我,让一个 13 岁的孩子为她的身体,为她的真丝内衣疯狂,且甘愿成为这个女人的性奴!

2

15 岁那年,我一声不响地跑了,初中毕业典礼的最后一天。我把书包扔进了茅厕,然后扒火车一路偷渡到南方。起初,我只是想逃避那个叫苏麒的女人,我不想再让她欺辱,所以我要逃,逃到任何地方都可以,就是不能在那个女人的魔爪下任她摆布。

我也坚信自己就此能够重新开始崭新的生活。我在心里狠狠地对那个女人说:“从此我将不再会是你手里任由摆布的一颗棋子了,我自由了!”

后来,在南方城市父亲找到了我,并通过他的人际关系帮我谋了一份在电子厂流水线上管理小工的差事,头衔为车间主任。厂里面女孩子居多,男生很少。而男生宿舍就在女生宿舍的对面,中间隔着一条马路。因为自己性格孤僻内向,我基本上没有什么朋友。

我下班后时常搬一张凳子到阳台一坐就是几个小时。没有人知道这时我在想什么,我又在看什么,只有我自己最清楚我在看什么。我其实是在看对面女生宿舍阳台上随风飘扬的女生内衣,那些内衣五颜六色的,在阳光的照射下熠熠生辉让人浮想联翩。

或许因为异乡的孤寂,自己又缺少朋友。每天一有空闲,我就到阳台看对面女生宿舍的内衣,这渐渐成了我的习惯。我在那些随风飘扬的内衣里思绪纷飞联想不断。

突然,我看见对面阳台的真丝内衣一件件地飞到我的面前,又像戴眼镜一样罩在我的眼睛上。我又看见了那个叫苏麒的女人,她挑逗我不健全的心灵,她诱惑我稚嫩的身体。我以为我的身体的离开,就此告别了那个可恨的女人。

可是我发现那个叫妈妈的女人用她的真丝内衣轻而易举地将我的灵魂俘获,我一次又一次在床上想象着苏麒把内衣蒙在眼睛上的情景,我在幻觉中自慰然后达到高潮。

我深深地体会到对苏麒内衣的迷恋,对我来说就像毒药,可是我发现我不能自拔!

更可怕的是接下来的日子,我常常乘人不注意的时候,去偷对面女生宿舍阳台那些五颜六色的真丝内衣。然后我在漆黑宁静的夜晚悄悄把它们拿出来戴在眼睛上,用鼻子嗅上面女人的体味，然后想象苏麒的身体。

很快，在这种盗窃的快感以及那些被我偷来的真丝内衣里，我寻找到了我从苏麒身上得到的快感！

我是被早就卧底在女生宿舍的警察逮住的。她们接到报案说女生宿舍经常丢内衣，就派了四个女警化装成厂工卧底观察，等我再次行动时，正好被她们逮了个正着。警察在我的床板下搜出了200多件女性真丝内衣。

我的“内衣事件”在全厂闹得沸沸扬扬之后，我再无颜面在厂子里立足。尽管父亲的朋友一再挽留，可是我知道，我已经无颜再见厂子里的同事和朋友。通过这件事情之后，我才觉醒，我对苏麒内衣的迷恋对我的身心健康造成了多么大的伤害啊！

3

在南方城市的电子厂待了三年，我又回到了家。

万幸的是房子还是那栋房子，门还是那扇门，锁依旧是那把锁，三年前走时带的钥匙还能打开这扇家门。扭开家门的那一刹那，我在想，迈进这一步，我不知道以后的日子是幸福的开始，还是继续沉沦？

苏麒见我回来，她以为我还是三年前的我。又开始对我谩骂怒吼。父亲不在的时候她又开始用她的身体，用她的真丝内衣俘虏我。可是，苏麒怎么也不会想到事隔三年，吃一堑长一智的我已经不再吃她的这一套了。

当苏麒又一次将她的真丝内衣蒙在我的眼睛上的时候，说实话，我真的很想，很想嗅一嗅她内衣上久违的让我曾经迷恋沉沦不能自已的味道。可是，一幅画面突然蹿上我的脑际，我看见在南方城市，我因偷内衣被捉那夜的情景：整座大楼的人都来围观我这个偷女人内衣的家伙，更让他们想不到的是这个家伙居然是他们的车间主任,我仿佛看见上千双手对我指指点点,我想在地上打洞就此埋葬自己,可是我知道,我没有那个功能。

想到这里,我向着苏麒愤怒地一脚踹去,苏麒重重地摔在了地上。我对苏麒说:“你这个恶毒的女人,现在还想残害我吗?没门!”苏麒被我的反常行为彻底激怒,要在往常她一声吼我就会抖三抖。

我对苏麒说:“你这个女人真是无耻!”苏麒从地上爬起来哈哈大笑道:“小家伙,翅膀长硬了是不是,那我今天就告诉你这个小杂种,到底是谁的翅膀真正长硬了!”

“庄峰,你搞清楚你现在是站在谁的地盘上?现在这里是我的了,你父亲的一切都是我的了!”说着又哈哈大笑一阵,那种笑声让我颤抖,像她虐待小时候的我一样恐惧,我的心收缩得紧紧的,令人窒息。让我更没想到的是苏麒接下来因为憎恨和愤怒所全盘托出的一切。

“告诉你傻小子,我成功了,等这一天我等了整整 14 年,这 14 年我一直在祈祷这一天,这 14 年我只有一个目的,就是要把庄家搞得家破人亡。我从小虐待你,在精神上残害你,现在我又终于把你父亲的公司搞破产了,连这房子也成了抵押给我新公司的财产。”

“小子,你老爸现在一贫如洗了!你知道你老爸是怎么破产的吗?这些年,我利用一个人做出纳会计的便宜,偷偷把你父亲的资产转移到我名下的一个小建材公司,你父亲一直埋怨生意不好老是亏空,可是,他怎么也不会想到是我一直在暗中悄悄做了手脚。”

“可是,这一切都是你父亲咎由自取。”说到这里这个蛇蝎心肠的女人居然流出了眼泪。

“还有,你可能还想不到我挑逗你的那些真丝内衣是哪里来的吧？那些五颜六色的内衣，其实都是你亲生母亲遗留在你父亲的衣橱里的，我用它们来残害你纯净的心灵。哈哈！哈哈……”苏麒夹杂着眼泪的笑声让整个屋子都在摇晃。

在父亲卧室的衣橱里，我看见了母亲遗留下来的那些真丝内衣，五颜六色的，好多，好多……突然，天旋地转，一阵眩晕。

4

在医院我找到了父亲，准确地说是见到了我的亲生母亲，一个隐瞒了我 18 年的惊天秘密。

我的亲生母亲其实没有死，只是她已经变成了植物人，长久地躺在了病床上。父亲老泪纵横地向我讲起了我 3 岁那年发生的事。父亲说他恨自己，但终究无法挽回。

“我和你母亲年轻的时候感情其实很好，也很恩爱。你母亲身材很好，她喜欢穿那种薄如蝉衣的真丝内衣。我们白手起家，在商场打出一片天地后，我给她买了很多那样的内衣放在衣橱里。可是一切的一切都在你 3 岁时候变了。因为那一年我们的生活中走进了一个叫苏麒的女人。”

“那天，苏麒来公司找我谈给她们房地产公司一个新开发的小区供建材的事情。苏麒建议我们一起吃顿便饭，饭桌上因为喝了一些酒，都有些微醉。”

“可是苏麒却说供货的事情还有些细节需要商讨，她说到酒店开个房间接着谈。到了酒店我才知道谈生意是假，苏麒原来是有目的，她借着酒劲对我欲擒故纵万般挑逗。”

“那个时候因为年轻，经不起女人的万般挑逗，再加上酒精的作用，我和她发生了不该发生的事情。事后，苏麒说我强奸了她，要么坐牢，要么离了婚和她结婚！”

“可是接下来的事情让我们都始料不及。我们从酒店出来开着车行驶在回家的路上，恰巧碰见了你的母亲，在车身和你母亲即将擦身而过时，因为怕被你母亲发现，我将头埋在方向盘的下方，可是就在这一刹那，苏麒突然将我手中的方向盘往你母亲的方向一转。你母亲倒在了血泊之中。从此你母亲就这样变成了一个植物人。”

“因为我一直不敢面对这一切，也怕去坐牢，我和苏麒悄悄把你母亲送到医院，然后找了个人花 20 万扛了我们的事故。”

“因为怕真相败露，我也因此隐瞒了你母亲还活着的真相。可是一切的一切，等到我和苏麒在一起以后，我才发现这个女人想要的一切远远超出了我的想象。可惜那个时候，我已经上了贼船，没了回头路。”

说完这一切，父亲要我好好照顾母亲，他说希望我恨他，就当我没他这个父亲。

5

苏麒被警察带走的时候，脸上带着诡秘的冷笑。她怎么也不会想到，那天她在客厅里和我说的话，会被我悄悄用手机录音下来！

在苏麒受到法律严惩后的 1 个月零 13 天，在病床上煎熬了 14 年的植物人母亲终于撒手人寰。

在办完母亲的后事以后，父亲对我说，他要去自首，他说他想让自己的灵魂得到安宁！

在清理母亲的遗物时，我又翻出了那些花花绿绿五颜六色的真丝内衣，我把这些内衣收集在一起，然后点燃了打火机……

看着那些熊熊燃烧的内衣火焰，我对着天国的母亲说：“带走这一切罪恶吧，母亲！为我以后的生活祈祷并祝福吧，母亲！”私

谁的青春里都有秘密

我无法相信这是所有女生心中的白马王子,他一面优雅地弹奏着钢琴,一面竟然在和自己的继母乱伦。

1

当我决意将这个藏在青春里的秘密说出来的时候，我用的是假名。所有的人物，我在告诉你们的时候，都是假的名字。我不愿意把那些藏在心中的伤疤直接揭开，那样鲜血淋漓的场面让我不愿正视。任何一个人，我都不愿再去伤害。

我记得在我 16 岁那年，第一次见到郑杨，我就认定他是我的王子。

那个时候，我情窦初开，世界充满了稚嫩的朝气，所有的事物在我的心里看来都有一个美好的发展方向。

郑杨很帅，他是我们学校所有女生心中的王子。成绩优异，且弹得一手好钢琴。甚至连他说话的声音都很好听，字正腔圆。

那个时候，学校里甚至有人在卖他的照片和资料。我也买了一本小册子，里面有他的照片和资料，花了我 20 块钱。资料上写着：郑杨，B 市人，生日是 1983 年 9 月 13 日，喜欢的颜色是黑色……

他是处女座，和我一个星座。这个星座的人总是有太多的秘密，比如我就是其中一个。我从来没告诉过谁，我常偷窥父母的房事。在我 7 岁那年，因为小床坏了，我和父母睡一张床，中途醒来的时候，从眼皮的缝隙里，看到了爸爸在妈妈的身上，像一条大虫子一样蠕动，妈妈满意地哼着，像我给我家那只母猫搔痒的时候，它所发出的咕噜咕噜声一样。

之后我就沉迷其中，不可收拾。看别人的隐私，让我空荡荡的心里能迅速得到满足。

我抱着小册子想，郑杨是否也有很多秘密？

谁都想做郑杨的女朋友，给他写情书的女生不计其数。我只是其中一个。

在某个初夏，我看到了楼下堆着很多家具。回到家里，妈妈告诉我，我们楼下搬来人了，好像和我还是一个学校的，因为她看到那个男孩子身上穿着我们学校的校服。

我不以为然地听着，然后开始吃饭。爸爸在桌子底下用脚蹭了蹭妈妈，然后用意味深长的眼神看着她。

他们以为这些我不懂，可是我心里什么都知道。只是我不说，我的心里埋着秘密，像收集小石子一样攒着，不想和任何人分享。那种被秘密扼住喉咙的感觉，让我觉得很畅快。

男和女之间的事，其实我早就知道了。

吃完了饭，我走到阳台上去看书。

楼下的那个男孩子是郑杨，他在帮家里人搬沙发，因为用力，手臂上的肌肉隆起，有血管在皮肤下爆出。

郑杨，是郑杨，真的是郑杨。我手里的书滑到地上，以为自己在做梦。因为在梦里，我总是梦到郑杨就在我身边，或者是俯下来亲我的嘴唇，那种感觉很真实，软软滑滑的，又或者是牵着我的手，手心出汗，让我很紧张。

当我确定了这是事实后，我打开门就冲了出去。

“郑杨。”我在楼梯上紧张地叫了他一声。

他条件反射地应了一声，之后抬起头来，看见是我，眼神里就有一丝疑惑，“你是谁？”

我说：“我叫小夜，和你一个年级的。”

他就笑了，然后说：“好像是有点面熟。真是巧合啊。”

那个初夏，郑杨搬来了我家的楼下，他住一楼，我住二楼。

2

所有女生都开始羡慕我，她们说：“小夜，你是哪辈子行的善啊，这么好的事都让你给遇上了。”

我就很得意。

我渴望郑杨梦里那张软软滑滑的嘴唇,真的就贴到了我的嘴唇上。我拼命制造机会,想要和他一起回家,可是令人懊恼的是,他总是和几个要好的男生一起回家,我从来都没机会插足进去。

尾随着郑杨回家后,我总是看到他向家里人打招呼,他的继母就会应一声,然后对郑杨说,快洗把脸吃饭吧。

忽然有几天,郑杨没来上课了,我走过他的教室,看到他的位置空荡荡的。

他们说郑杨发高烧了,正在家里休养。

这个消息让我担心起他来,可是我又不能去他家,因为我找不到合理的借口。于是回家的时候,我就绕到了他的阳台,然后打算从他的卧室窗户那里看一眼就好。这样知道了他没事,我就放心了。

郑杨的窗户是贴了窗纸的,可是大概是因为窗纸不够,有一小截没有贴到。我就从那个漏掉的地方看了进去。

我看到了郑杨的继母坐在他的床边,一只手在脱他的裤子。

她是个很漂亮的女人,眉目间透着一股妖娆。她的动作缓慢,在脱下了郑杨的裤子后,她隔着内裤,对那个隆起的部位揉捏着。

郑杨没有抗拒,他的眼神里有温柔。那不是看母亲的眼神,那是看一个爱人的眼神。他伸出手,探进了女人的衣服里,然后熟练地解开了她的内衣扣子。

这一幕倒映在我的眼里,那个瞬间,我如今回想起来,竟想不起自己当时的心情。

我无法相信这是所有女生心中的白马王子,他一面优雅地弹奏着钢琴,一面竟然在和自己的继母乱伦。

在内心的剧烈挣扎过后，我渐渐地平静了下来。

偷窥，是的，当时我就是那样偷窥着我的王子，看着他闭起眼睛，喉咙里发出享受的声音，我的心里悲哀得要命。

他的继母一边呻吟，一边催促他说："快点，你爸爸就要回来了。"

他就俯下身去，亲了那张嘴唇。

这个天大的秘密，被我窥探到了。我不知道这是福还是祸。我只能踩着砖头，不敢移动，生怕发出了响动引起他们的注意。我看着郑杨和那个女人十指交缠，在快要到达尽头的时候，他说："妈妈我爱你。"

那一刻，我发现，其实阴暗的人不止是我一个。

3

从那以后，窥探郑杨的后窗，成了我最大的秘密。

这个时候，学校里仍旧有很多人在迷恋着他，究竟谁才是郑杨的"真命天女"，这成了很多女生都向往的事情。

郑杨依旧住我楼下。

在暑假来临前，我窥视到了郑杨一个更大的秘密。

那天，我忘记了带钥匙，那个时候，我还没有手机，只能在楼梯上坐着干巴巴地等父母的回来。

郑杨回家，见到了我。

那一刻，我本来想躲的，但是被他发现了。他很热情地招呼我去他家坐坐。

我几乎是被他拉去他家的，一进门，就看到他的继母在用疑惑的眼光看着我们。她的语气中有一丝不自在，她问郑杨说："这是谁？"

郑杨告诉她说："她就是住我们楼上的小夜，和我是一个年级的，忘记带钥匙了。”

郑杨继母的表情那一刻被我洞悉，我看到了她的一丝愤怒，只是针对我的。

她拼命地伪装自己，很平静地对郑杨说：“今天你爸爸加班，晚上要很晚才回来，我们先吃饭吧。”

被这样的气氛所笼罩，我在郑杨的家里如坐针毡，当听到妈妈回家的声音后，我立刻冲出了郑杨的家。

晚上来临的时候，我的心开始骚动，于是又来到了郑杨的窗户下面。

我听到郑杨的继母在哭泣，她说：“我怀孕了，是你的孩子。”

郑杨沉默了很久。他的继母继续说：“你爸爸不会知道的，所以我要把这个孩子生下来。这是我们的孩子，我爱你。”

郑杨仍旧是沉默。女人说：“你别再和女生来往了，你是我一个人的，别把我和我们的孩子扔下。”

接下来，我就不知道他们在说什么了，我脑袋一片空白。我蹲在一个角落里，觉得这种事情尤其可笑。更加可笑的，竟然是我就窥探到了，并且听到了这样一个肮脏的秘密。

4

同学茜儿有一套漫画，我一直想看，她不给我，曾开玩笑地对我说：“假如你把郑杨追到了，我就把漫画送给你”。

在听到郑杨和他继母的那个秘密后没几天，我向茜儿借那套漫画来看。

茜儿就笑了，她说：“我以前不是告诉过你吗？只要你追到了郑杨，我就把整套漫画都送给你。”

我想说，“郑杨和我们想的不一样，他不是那种普通的男生，他是有秘密的。”可是话到了嘴边，却又说不出口。

茜儿就有些鄙夷地说:“我想你也追不到吧,看你那吞吞吐吐的样。”

我当时不知道自己是怎么想的,就夸下了海口说:“你等着瞧吧,这个暑假我一定把郑杨追到手。”

当时用一套漫画来做赌注,就改变了三个人的命运。现在想来,一切都是那么的幼稚可笑。当时茜儿不相信的眼神,让我更加坚定了成为郑杨女朋友的决心。

可是成为郑杨的女朋友,并不是说说那么简单,当我艰难地告诉郑杨,能不能接受我的时候,郑杨一言不发,最后他说:“对不起小夜,我不能。”

看着他远去的背影,我的自尊瞬间就被击溃了。

大概就是从那个时候开始,我就决定了,要不择手段,让郑杨成为我的男朋友,我不能在茜儿面前丢这个脸。

5

当我很隐晦地给郑杨讲了一个乱伦的故事时,我看到他的眼神里有慌乱。

我深呼吸了一口气,那些话在我的胸口冲撞。终于,我说:“你的继母有了身孕吧?”

他的眼神里先是惊慌,后来就是愤怒。他把我拉到了一个很隐蔽的地方,质问我:“你到底想要怎么样?”

“我和我的朋友打了个赌,假如你装成是我的男朋友,那我就赢了,仅此而已。”我很轻松地说。

那个漫长的暑假,闷热,让人无法安静下来。郑杨在经过很长时间的考虑后,答应了我。

我给茜儿打了电话,当她来到约定的地方时,看到郑杨搂着我的肩膀,然后他亲口告诉她我们两个开始恋爱了的时候,她输得心服口服。

那个时候，我被巨大的虚荣心淹没了。

在我们回去的路上，我吻了他。他先是颤抖了一下，却没有拒绝我，大概是有秘密被我握在手里，他没有说话。

我是这么近距离地看着他，他的一切，还有脸上的细微部分，我都可以看得很清楚。我伸出手来触摸，终于摸到了成为现实的梦。

可是我的心里很悲哀，因为我只能用一个不能说出口的秘密来掌握他。

开学的时候，几乎是全校的女生都对我投来嫉妒的目光。茜儿把我和郑杨恋爱的事情告诉了不少人，一传十十传百，现在几乎全校都知道了。

我无法面对着突如其来的羡慕。仿佛一夜之间，我就成为了万众瞩目的人，这种感觉，让我一发不可收拾。

我用秘密胁迫郑杨，我让他假装继续和我恋爱，否则我就要将他和他继母的秘密告诉他的父亲。

郑杨有些怒不可遏，可是最后他只能无奈地接受。他说："你总有一天会得到报应的。"

可是报应来得是那么的快。在我享受着全校人羡慕目光的时候，我竟然忘记了郑杨的继母，她是一个控制欲很强的女人，她无法接受郑杨和女生恋爱。

可是郑杨早恋的消息，迟早都会传到她耳朵里的。

那天我在家，仍旧在阳台上背英语单词。我听到了郑杨的继母在吵闹，然后听到了脚步急促上楼的声音。

很快，她就像一只失足的猫，从楼上坠落了下来。当她落过我的窗口时，我的心脏一霎停止了跳动。

她死了。

警察介入调查了。调查中，郑杨和她的事情败露，那些压力像黑暗厚重的云一样压了下来。我选择了逃避，然后告诉所有人，我是受害者。

郑杨疯了，这是我没有意料到的。我没有意料到这段畸恋曝光后对他的打击是那样的大，从那以后，我常常看到他行走在院子里，目光时而呆滞，时而阴郁。

我常常做噩梦，一个接一个的噩梦。我无法摆脱。

秘密就是这样，它被我叙述完了。可是痛苦却始终没有结束。我一直掩埋在心中，无法说出。它不离奇，也不像爱情故事一样曲折，因为它那么的真实，让我痛过，让我看到了自己的愚蠢。

直到现在，我仍旧在忏悔。我吃斋，念佛，然后请求上天宽恕我那些年少无知岁月里所犯下的过错。

谁的青春里都有秘密。我常常安慰自己说，我只是其中一个。

我在四处寻找郑杨，如果有谁见到他，请告诉我。我愿意用一生来赎罪。私

女体算命，我命中的劫

在很多日子里我都对着这个半裸的照片畸形地自慰自恋，后来那些客户的照片激起了我潜意识的欲望，他们一次次激发着我的欲望，我偷偷地拍下它们……

1

我眼前的男人很失神,他叫林,是我的初恋。

林是当年校篮球队的中锋,也是全校女生的偶像,我暗恋他好多年,可他却不知道,这很像许多爱情故事中常见而又凄婉的事情。林给我一张照片,照片上的女人如一弯艳艳的桃花。

那是一张高像素的裸照,女人摆着诱人的姿势,身材丰满得恰到好处,胸脯如同扣在惠体上的两只玉碗,白皙细嫩,泼辣着向上坚挺,女人身上每一个凸点和凹点都喷射出动人的魅力,她是林的老婆。

“你能看出什么吗?”林问。

我放下那张照片后在一张纸上写满了字,我把纸递他。

“惠云,你的推算是真的? 真的让你说着了!”男人痛苦地说。

我给林的字对林来说是致命的,“牧羊座,乳型外开,感情易露,喜欢更换性伴侣,锁骨如利刃,克人如刀……在情欲方面有超乎寻常的要求,男人很少能够满足她,因此会始乱终弃,会容易换性伴侣,适合做情人而不能从一而终……”

这是我根据“女人形体算命法”和“星座学”为林的老婆做的判断,我的判断并没有偏离我的职业操守,书上就是那么说的,我的经验也告诉我,林的妻子就是这样一个放荡的尤物。

林拿起那张纸片逃离了,他慌张的背影很凄凉,而我却奇怪地笑了。

2

医学院毕业后我开办了一家心理诊所,心理门诊在一个好友的妇女会馆里,这个会馆的成员都是 VIP 贵宾,是有钱女人休闲的乐园。去年我遇到了我的一个老师，他在国外专门进行人体测命和星相研究，我的兴趣便油然而生，于是我的业务里多了一项人体测命的业务。

这项业务很受那些富婆们的欢迎。在朋友的建议下，我在一些时尚杂志上做了几期豆腐块大小的广告，谁知道生意竟然火了起来，上来很多顾客，其中不乏时尚前卫的男人和女人，想不到当代人人竟然都对这样一种古老神秘的测命感兴趣，我更想不到的是我竟然遇到了林。

我永远忘不了我和林学生时代的一次奇遇。那天我上楼时一只脚踩空，从三楼的楼梯摔下来，很可能骨断筋折，但我却摔到了一个温暖的怀抱里。他是林，刚刚从操场上回来，浑身都是汗，他宽阔的臂膀接住了我这个从天而降的女孩。

我裙子上沾满了他的汗水，那清爽的汗味能让我的身子软一辈子，林放下我时他就已经忘记了我这个慌慌张张的女孩，可是那个瞬间我却记了一生。

林是看到了广告才到我这里的，在我的提醒下林终于想起了从前楼梯上的一刻，他惊讶我竟然是他的同学。

林的妻子叫黛滢，他们结婚五年，但是黛滢一直都背叛着他，是我的女体测命结论坚定了林离开黛滢的决心。在我心底的最深处，我希望那个女人离林越远越好，可是有一天，我却又看到了那个女人——黛滢。

3

黛滢站在我面前时，我惊愕了，她比照片中的裸体还要艳，难怪有人说女人穿衣服要比不穿衣服时艳。

"谢谢你惠云小姐，感谢你的配合，林已经同意和我离婚了，下周我们就去办手续，我会重谢你的。"黛滢说完微笑着走了，她嘴角的笑十分古怪而诡异，当然，我也露出同样诡异的笑容，在那一刻我感到我的灵魂在坠落。

其实黛滢是我们会馆的常客，她和林的婚姻也是名存实亡，可是林一直拖着不离婚，黛滢万般无奈才想出了这样一个计策，于是我们有了第一次合作。黛滢一直暗示林有一个女体算命馆十分灵验，林真的是被诱惑来了，看来我的女体算命真的起到了想不到的作用，我知道这样对不起林，林一定会很痛苦，一个如花似玉的老婆竟然会是那么一种女人，但对林来说离开她可能会更好。

黛滢走到门口时突然转回来。

“对了，我想问一下你是怎么糟蹋我的？”黛滢怪笑地看着我，我不敢回答，因为我怕黛滢知道我那么邪恶地描绘她，她会杀了我。

“你测算我的箴言一定很坏，不过这不怨你，我还想我们再合作一次。”黛滢脸上的笑容越来越吓人，我拒绝了黛滢，这个女人很可怕，我告诉她我不想再害别人了，我也不想让那个有一定道理的形体测算理论遭到玷污。

黛滢临走时说我必须合作，否则我的心理诊所和形体算命工作室将会臭名昭著。这个女人艳丽外表下的心肠狠毒而坚忍，这一点当初我就从她的照片上看出了。

我和林因为算命而重聚，我们一直通电话，林的心灵很空虚，他在我的脑海里一直都是最美好的形象，我希望黛滢快点离开他，我讨厌那个黛滢，如果这样，我和他仿佛都有希望。

4

三天后，我又一次接待了一个很特别的客户，这次是另外一个男人。

男人40多岁穿着笔挺考究，一望便是一个身份显贵的人。他用修剪精制的手指递给我一页东西，说："这个广告是你的？"我点头。

男人笑道："你真的可以根据人体形状和星座测算出未来？"

我没有点头也没有摇头。"信不信由你。"这是我冷冷的一句话，说真的，我讨厌这个男人，如果一个男人相信这种东西，说明他自己很不自信，很不耻，男人的命运应该由自己来创造。

"你广告上说，如果把男人和女人的照片一起拿来，就可以推断他们是否和谐是否有美好的生活。"男人道。我微笑着点头。

男人拿出了一张照片。照片上的男人体形臃肿，只穿着一条小得不能再小的黑色三角裤，而他的旁边是一个娇艳女体，她长着傲人的胸脯，翘着多姿的臀部，我暗伤造物弄化，这样一个天生丽质的女孩为什么会和这种老男人在一起。

我从各种角度反复地观察着照片，然后写下了一页字，男人看后他的瞳孔有些放大。

上边写着："男女体形主男方光明正大有气魄，内外占主导地位，财运亨通……女有爱心，操持家务，贤妻良母，女乳形状如菠萝，性格温柔浪漫，对爱侣忠贞不贰，女臀形如满月必生贵子，二人体形互补珠联璧合幸福美满……"

男人将信将疑地问他们真的这样般配？我拿出一份打印精惠的资料道："这是一份最新下载的国外形体测算资料，如果你不信可以自己对照，形体算命只是一种娱乐，两个人的感情才是主宰婚姻美满幸福的关键。"

我理直气壮地拿出了根据，但作为心理学专业的我，深知这种心理暗示作用要远远大于娱乐作用，我真的希望这个男人可以善待那个美丽的女人。

男人付了一厚摞钞票后喜气洋洋地走了，临走时还千恩万谢说要介绍很多朋友过来。男人走后我又一次陷入了迷茫，我知道我的灵魂再一次更深地陷落了，我让那种有严谨理论的算命再一次蒙上了污点，因为我的眼前再次出现了一个女人——那个神鬼莫测的黛滢，她就是照片上的那个“贤惠旺夫”的女人。

5

我被迫和黛滢进行了第二次合作，那个男人是一家全国500强企业的老总，他的发妻一直不能生育，所以他很渴望找一个温柔贤惠能够帮他生儿子的情人，但是迫于名望和压力，他一直犹豫是否和妻子离婚。我那份近乎游戏的骗人测命箴言改变了这个男人，他决定和发妻离婚而和黛滢结合，黛滢的目的真的达到了。

从某种意义上说，黛滢和林的婚姻是不幸的，林是一个很普通的穷人，黛滢早已厌倦了那种穷困潦倒的生活，那个老总满足了她一切——情调、浪漫、财富。当然最重要是财富，如果把财富看成“1”的话，情调、浪漫、虚荣、享受，这些都是财富后边的“0”，皮之不存，毛将焉附？没有财富就没有那些女人的种种幻想。

在我解决了黛滢问题的同时，我也离林越来越近了，我感到多年前那一种生涩的少女情愫正在像我靠近。

终于在三天后的一个晚上，林来到我的工作室，他要比以前开朗多了，我仿佛看到了以前那个充满阳光的高中锋又回来了。那夜我们谈了很多学生时代的趣事，我们在红酒的陶醉下都年轻了十年，我羞涩地对他说了他抱起我的那一瞬，心跳着说出多年前我在他怀里的感觉，林很惊愕，他脸上露出了很舒心的神色。

“我能再抱一下你吗?”林说。

我几乎不相信自己的耳朵,我的身体被这句话弄软了,林用坚强有力的臂膀抱起我,在我耳边轻轻说:“你再也不是那个纤弱的小女孩了,我几乎抱不动你,你变得更成熟更迷人了……”

我终于重温了往昔的那个美好感觉,林的温柔挑逗宛如天籁之音,我紧紧靠在他身体上,贪婪地呼吸着他身上每一丝醉人的气息,林温柔的手指在我身上拨弄,我的身子仿佛慢慢地飘起来,我的灵魂也仿佛要升入快乐的天堂……

可是,我永远也想不到,我在这一刻竟然会坠入万劫不复的地狱,林温柔的手指在那个夜晚突然变成可怕的魔掌,而我却一无所知。

那夜我从迷醉中醒来时,林已经不见了,我的衣服完好无损,我却清醒了,但电脑里的资料全被林盗取了,我终于知道林的出现完全是彻头彻尾的阴谋,而那些资料对我来说是致命的。

6

林一年前就发现妻子黛滢和那个男人有染,他一直追踪他们想获得他们的证据,哪怕是一张两个人的亲密合影,可是林失败了,由于那个老总地位显赫,所以他们每次幽会时外边都有很多保镖把守,林根本靠近不了,在跟踪的过程中,林知道了黛滢人体测命的阴谋,同时也发现了我的一个隐秘,那是我心底最深最销魂的秘密。

我经常把那些客户照片通过针孔摄像头都暗中拍下,那些照片本来是保密的,客户测完后都立刻拿回照片,所以只有在暗中拍摄才能获取那些照片。林发现了我在暗中拍照,他并不知道我为什么要处心积虑地拍那些客户的裸体照片,林将计就计地接近我,最后从我的电脑中获得了黛滢和那个老总的裸体合影。

不久后，各大网站上出现了无数老总和黛滢的合影，他们在一夜之间声名狼藉，变成人们街谈巷议的笑柄。我知道这就是林的最终目的，他曾经向我忏悔，他说不应该利用我的感情。

可是，不知为什么我却不恨他，他是万般无奈，他曾经无数次拒绝那个老总的重金诱惑，始终不肯和黛滢离婚就是等待这个机会，林知道他的自尊要比那些金钱更重要，他决不能让男人的尊严蒙尘，他要报复那些可耻的人。

在后来的日子里，我被一些恶人疯狂地骚扰，我被迫离开了这座城市。我知道一切都是那个老总干的，他认为是我出卖了他的资料。我像一个无所依托的落水羔羊，这是咎由自取。

在异地他乡时我总是拿出了一张多年前的照片，这就是我心底里最深的秘密，上边是林裸露着上身的照片，那是在一次林打完比赛后我偷偷拍摄的。

在很多日子里我都对着这个半裸的照片畸形地自慰自恋，后来那些客户的照片激起了我潜意识的欲望，他们一次次激发着我的欲望，我偷偷地拍下它们，每当那些照片出现在我面前时，我都会莫名其妙地出现性幻想，幻想着照片中的那些男女在交媾……

我知道那张林的照片才是真正的起源，人体算命就像我心中的一个玩笑，我终于在那些玩笑中自焚了，终于有一天我撕碎了林的照片，也撕掉了我少女时代最美的梦想，我将永远告别我的隐私，因为隐私有时很可怕，它不仅可以毁了别人，也会毁灭自己。

藏匿在 MP3 里的孽海深渊

没有了骚扰，也没有了提心吊胆，我也努力调整自己，我想，不久我和于是就会像从前一样恩爱缠绵。然而，一段时间过去了，我发现自己依然麻木，不管于是如何爱抚和刺激我都无法燃烧。

1

1999 年，我终于获得了这座繁华大都市一所名校的硕士学位，所学的热门专业让我一出校门就获得了一份高薪工作，成为一名优雅的白领。

两年之后，我以按揭的方式为自己在这个许多人向往的城市垒了一个窝。一番快意之后，我觉得自己应该考虑一下个人问题了，多年来埋头于学业和事业荒废了如花年华，再不谈情说爱，就要美人迟暮了。

严酷的职场难以达成心愿，可社会的多元化解除了我的问题，桓久会馆是本城一家出名的专为都市金领、白领牵线搭桥的机构，我花重金为自己办了一张 VIP 高级会员卡，一到休息日就将自己打扮得十分靓丽，欣然前往。

果然，那里才子佳人云集，一个个女人都打扮得雍容华贵，一个个男人都是儒雅多金之流。一个月后，从美国归来拥有双学位英俊不凡的于是向我射出了丘比特之箭，我们迅速坠入爱河。

于是是本城人，祖上是显赫的名门望族，父母是两所不同大学的教师，而于是从国外回来后就创立了自己的公司。当我第一次坐在于是豪华的奥迪车里，自惭形秽的我幸福得差不多要晕过去，我拥有天下所有女人都有的虚荣，这是每一个女人的梦寐，所以，我在心里暗暗发誓，我一定要以温柔的情怀和所有的智慧，牢牢地抓住这唾手可得的幸福。

工作以外，我所有的心思都花在对自身缺陷的改造和学习各种礼仪上，为了牢牢掳获于是的心，我将自己打造得千娇百媚。让我迷惑住了的于是带我去见了他的父母，他的父母见儿子如此喜欢我，也同意了我们相爱。

不过，因为于是的爷爷一年前刚刚去世，按风俗和他们家的规矩，我和于是必须在两年后才能完婚。好事多磨，对于迫切想要成为于家儿媳的我来说，这真是一盆冷水。

“没事，我们可以先去办了结婚手续。”于是读懂了我心里的担忧这样说。听他的话是认真的，我的脸上才绽开出笑容来。

拿到了结婚证，可于是却不能再和我同居，他父母要求他结婚前和他们住在一起。留得青山在，不怕没柴烧，为了将来的美好生活，虽然无可奈何，可是我还是接受了这一事实。

我温馨的小窝还迷漫着我们激情的气息，然而却只剩下孤零零的一个我。是于是为我插上了情欲的翅膀，引领着我在性爱天堂翱翔，现在没有他，我顿时失去了飞行的方向。

“于是，我想你！我习惯了夜夜在你的臂弯里呼吸着你的气息入眠，习惯了……”

“我也想你，可是我得尊重父母，我是家族里的长孙，不能破了规矩。”

隔一两天，于是就会来看我，可是却从不在这里过夜，每次都是匆匆忙忙地离开。我们虽然有了一纸法律文书，却搞得像一对偷情的男女。

2

一年后，于是因为生意上的事要去香港半年，长夜漫漫，我只能借助网络空间来平息体内翻涌的情潮。我在一个网站上看到了一个帖子，一对我一直向往的地方的恋人想要换房旅行。这可是一件新鲜事，我跟了帖，对方要求视频看我的房子，我同意了。

对方很满意我的小窝，同样，我也十分满意对方的房间的布置。后来，我通过视频看到了那一对看上去十分恩爱缠绵的恋人 Jolin 和 Dr，莫名地，他们恩爱的样子让我心里有种异样的感觉。

他们轻易就觉察到了我的情绪的低落，问我是不是失恋了。鬼使神差，一种想法漫上了心头，我回答是。于是他们两个人一起安慰我，说通过旅游可以冲散心里的失落。后来，他们告诉我到了以后在门口的棕垫下取他们房间的钥匙，我也按照他们的指示将房门钥匙放到了小区物管处。

我没有打电话给于是说这件事，向公司请了一周的假然后飞去了那个向往已久的地方。果然，那个地方灿烂的阳光和纯净的空气涤去了我心里的阴霾。

而且，那一对情侣的家让我陷入了一种兴奋之中。房间不大，是那种很流行的小户型复式楼，房间里的布置犹如古代香艳的行宫。角角落落似乎都弥散着他们欢爱的气息，没有床，只有一席韩式榻榻米，上面铺着一张金铜色的波斯地毯，温暖而厚实。

第一天晚上，我翻来覆去折腾了大半夜，却依然无法入睡，我脑子里总是出现那对情侣赤裸裸在我身下这张波斯地毯上纠缠的景象。

后来，口干舌燥的我离开了让我走火入魔的榻榻米，打开了电脑。D 盘的一个标着"ML"的文件夹引起了我的极大兴趣，激发了我内心深处藏匿着的偷窥欲望，我用颤抖的手移动鼠标点击这个文件夹。没想到，就是那么轻轻的一下，我打开了我人生的潘多拉盒子。

那是 Jolin 和 Dr 的性爱自拍，起初，我感到不安，想关了，我可不侵犯别人的隐私。可是，我到底没有抗过好奇心和偷窥欲，这可是时下流行的那种"真人秀"啊。

就在我专心致志地欣赏这一对宝贝的疯狂时电话响了，我吓了一跳连忙关了电脑。

“白小姐,这个时候还没睡啊?”是这房子的女主人打来的。

“啊……我……我认床。”心慌意乱的我语无伦次。

“是吗,那白小姐想不想玩点有意思的东西呢?”她软绵绵的话带着极大的诱惑力和煽动性,通过电波传到我身体的四肢八脉,刺激着我的每一根神经和每一个细胞。

这是一种极冒险的游戏,我心里清楚地知道自己不能,可是我却又非常想放纵一下。接下去,我完全忘记了自己是谁,忘记了与我曾经激情缠绵的于是的存在,我就像被她遥控了一样,按照她的旨意又重新启动了电脑,打开了视频,卸去了身上的最后一点衣物,进入了荒诞不经的角色。

我和她,我们两个女人,如施了魔法一般在她男友的操纵下翻滚、呻吟。

当我再次回到现实里的时候,面对散落一地的衣裙我哭了,不安和愧疚像鞭子一样强烈地谴责着我,我觉得对不起于是,我们可是有过无数次肌肤相亲有着婚约的爱人啊。天亮了,我穿好衣服迅速离开了那间让我沉沦的屋子。

3

回来后,我迟迟不愿踏进我那间温馨的小屋,于是归期遥遥,再说,我也找不出理由不住自己的房子,所以,徘徊一阵之后,我还是硬着头皮打开了门。房间的布置让我以为自己进错了门,这对胆大妄为的情侣,不但用网络诱惑了我,还自作主张地将我的房间来了翻天覆地大变样。它已没有了往昔让我心旌摇曳的旖旎色彩,它已变成了一道无底的深渊,在等待着将我吞噬。

我懊恼地刚要伸手去搬动沙发,电话响了,是于是。

“宝贝,还好吗?我不在,要好好照顾自己。”

面对他情意绵绵的问候,我羞愧难当。于是说事情快办妥了,他很快就会回来,他给我买了好多漂亮的衣服和首饰,相信我一定会喜欢。

放下电话我呆呆地坐在那里,要是让在传统书香门第大家庭里长大的于是知道那件事……于是虽然是海归派,虽然我们的肌肤相亲是那样的狂野,可是他骨子里流淌的是墨守成规的血,他不会允许这样另类的生活方式在他的生活里出现。

想到这里我打了个寒噤,迅速动手将房间恢复了原貌。我要忘记这段经历,静心等待于是的归来,一年后成为他端庄娴静的新娘。为了消除那份记忆,我玩命似的投入到工作中。

“白雪,你找的可是金龟婿,没必要这么拼命挣嫁妆啊!”不明就里的同事这样调侃我,我无言以对,只能报之以苦笑。

“白小姐,几日不见,跑哪儿 happy 去了?”当那个如魔咒一般的女声在电话里响起时,我知道自己掉进一个早已设置好的陷阱,我无法挣脱出来。

“对不起,不要来打扰我的生活好不好!?我也祝你们幸福好不好!?”我几乎是在哀求。

“哟,白小姐,看你急的,这有什么嘛,现代生活玩的就是刺激,整天如复印件一般千篇一律,那多死板多没劲啊。”Jolin 耐心极好,“我们都不怕,你怕什么啊,与 sex 派对相比,这不过小巫见大巫嘛。”Jolin 依然在纠缠。

然后,她绘声绘色地讲起了自己非常非常喜欢那种游戏的感觉。Jolin 的声音就像销魂丹,那些画面犹如电影一般在我眼前晃动。我是个意志不坚的女人,在她的蛊惑之下,我再一次缴械投降,忘乎所以地沉溺进那如鸦片一样的三人游戏里。

后来,会有别的人在网上找我进行这种游戏,一定是 Jolin

出卖了我。

“Jolin,你为何那样做?!我不想再继续下去了!”我质问她,她却不以为然地说这没什么大不了的,还说如果我有男朋友,一起加入进来会有另一番美妙的感觉。

我断然拒绝了她,我不可能让于是知道这件事,更不用说把他拉下水了。我盼望着于是快快归来,将我从深渊里解救出来。

4

终于,于是回来了,给我带回了好多精美的礼物。我心里暗喜,这下,我可以回复到正常的生活轨道上了。

然而,我惊讶地发现,面对于是小别胜新婚般的昂扬激情,我却平静如水,往日一触即发的快感像被谁偷走了一样。更让我感到痛苦和恐惧的是,Jolin的电话依旧会时时像幽灵一样打进来。

双重折磨让我的精神迅速萎靡下去。“白雪,你是不是身体出了毛病,还是工作压力大?要不我陪你去医院看看?”细心的于是觉察到了我的变化,他的关心让我想哭,可是我不能。我不能失去他,我得想办法不让幸福从我身边溜走。所以,我找了个让于是认为合理的理由停了房间里的电话,不再在家里上网。

没有了骚扰,也没有了提心吊胆,我也努力调整自己,我想,不久我和于是就会像从前一样恩爱缠绵。然而,一段时间过去了,我发现自己依然麻木,不管于是如何爱抚和刺激我都无法燃烧。为了讨得于是的欢心,我开始作假,可是我知道这并不是办法,我不能让于是对我失望,书上说男女之间的疏远是从身体开始的,所以我得想办法让我自己回到从前。

我作了种种尝试,各种幻想都无法调动自己的激情。都是Jolin!是她用另类的性爱诱惑封存了我的欲望细胞。我懊恼不已，也许，解铃还须系铃人，只有 Jolin 可以让我恢复，这样的想法使我又在于是不在的时候开始了上网，进入过去常去的地方。可是却不见 Jolin，一连好多天都不见。

半个月后的一天晚上，她终于出现了，乐滋滋地说她和 Dr 结婚了去了天堂一样的马尔代夫度蜜月。她还兴致勃勃地将她和 Dr 在海里和沙滩上的一些性爱自拍传了过来，我不得不折服于她的大胆和前卫。同时，心里的防卫也打消了，她敢把自己和老公的那些照片给我看，她只是追求性享受，并没有别的目的。

“你啊，和我一样对性爱有着极高的要求，平庸刻板的性爱模式根本无法让你沸腾和欢愉，所以，还是顺应内心吧。”当 Jolin 听我吞吞吐吐地说了自己的烦恼后这样说。然后她给我介绍了另外两对做过这种游戏的人，于是我又开始陷入了那种游戏中，指望着得到拯救。

5

有人说，吸食过毒品的人很难戒掉，因为有心瘾。而让我深陷其中的这种游戏，也像毒品一样让我欲罢不能。因为心里有顾忌，生怕无意中让于是撞见，所以我将整个过程拍摄下来放进可以当 U 盘使用的 MP3 里，这样，我就不必时时上网找 Jolin 了。

我心里对于是有愧疚，可是从始至终我都不承认自己背叛了他。果然，我和于是在一起时的状态渐渐好了起来，这让我感到高兴，我想，等完全恢复后，我就不再进行那种游戏了。

因为着手准备婚礼的事，我疏忽了将 MP3 收藏好，有一天于是来找我时我不在，喜欢听音乐的他就将 MP3 拿到了车子上，一切都暴露在他面前。

“没想到你竟然如此龌龊！”于是将 MP3 狠狠地扔在地上，

然后拉开门就要离开。

“于是！那仅仅只是游戏，我并没有背叛你，真的没有！不要离开我！”我连忙上前拉住他哀求道。

“放开我！我想要的是一个有教养有羞耻心的传统女人，请你自重！”我松开了手，我已没有再拉住他不放的理由，在他心目中，精神和肉体是统一的，无论哪一种都是背叛，都不可以原谅。

这就是我的故事，我是一个衣食无虞的白领，时尚让我品尝到了生活的美，也让我坠入旋涡，失去爱。如果你和我一样，那么，请你珍惜你拥有的一切，不要对那些诱惑想入非非。私

偷来的快感无法给我救赎

我沉醉于这种游戏无法自拔：假装小心翼翼地偷窃，被老头发现那一刻的惊慌，被他抓住的瞬间忐忑，被他搜出赃物时被逼迫的屈辱……我痴迷于这样羞耻的快乐。

1

儿时的记忆充斥着父母无休止的吵闹,我 10 岁那年他们离婚了。父母因为我的抚养权打了半年官司,我知道这并不是因为爱我,他们只是为了报复对方,我的存在是仇恨最好的证明。

母亲带着我住进一个南方人家里。我常常幻想母亲的爱抚,可她看我的眼神满是厌弃,只因我长着一张酷似父亲的脸。我趴在窗前看外面的小孩玩沙子,吃五彩棒棒糖,裹着糯米纸,简单粗糙,可他们一点点舔着,如同绝世美味。

我扯了扯母亲衣角,母亲看也不看我一眼,“那东西不卫生。”我只好眼巴巴看着插在小店门口的棒棒糖。那是个阴暗的小店,幽深的店堂仿佛没有尽头,一个面色黧黑、满脸皱纹的老头坐在店门口。

南方人给我五毛钱,我听话地自己出去玩。换鞋时听见母亲的调笑,我狠狠地把他的钱扔回房间,头也不回跑出家门。小巷尽头的小店如钩子般吸引我,看店的老头不在,店堂里阴暗陈旧,充斥着一股腐乳和樟脑混合的陈腐气息。我飞快地拿了根棒棒糖塞进裙子。这时我一抬头,老头正笑眯眯地看着我,我强作镇定地说:“我什么也没拿!”

“是吗? 那你敢让我翻一翻吗?”

我被老头牵着手拉到店堂深处,他把我抵在落满灰尘的货架子上,手指伸进了我的裙子……他的手指粗糙,刮在皮肤上有些疼,我目瞪口呆地看着他的手指探进了我的内裤……我惊恐地瞪大眼睛,看着老头表情扭曲泛红的脸,他身上有种油腻的味道,无数的灰尘四散奔逃……某种压抑的痛楚带着我不停坠落……

半个小时后,老头抱我出来,塞给我好多棒棒糖。没等他开口我就说:“我不会告诉别人。”那些棒棒糖,我每个尝了一下,就全部扔在回家的路上，它们并没有想象中的好吃。可是，那老头脏兮兮的手指却带给我某种奇妙的体验，虽然我隐隐感觉到，那并不是什么好事。整个夏天，我找一切机会窥伺老头的小店，那阴暗的小店在我心里如同恶魔的洞口，可我像患了皮肤饥渴症的孩子，渴望着魔鬼的吞噬。

有一次，老头喝了酒，一看见我就胡乱塞给我一些劣质小食品，迫不及待地把喷着酒气的嘴巴凑上来。我麻木地承受着他的摧残，却没有以往的奇妙感觉，一种厌恶涌上心头，我一把薅住老头的胡子，用力把他扯了个趔趄，飞快跑掉。

第二天我再次出现时，老头有些惊慌，但是他看到我当着他的面把棒棒糖藏进裙子，他丑陋的脸浮上一层古怪的笑意。我被他粗暴地拉入店堂深处，他粗鲁的抚摸和粘腻的搂抱带给我某种无法言说的快乐。

我陆续的偷过无数东西：指甲钳、小镜子，甚至是一只乒乓球，它们大多被我丢弃。我明白，我想要的不是偷窃本身，而是偷窃所带来的“惩罚”：老头肮脏的手放肆地在我的身体上肆虐……

我沉醉于这种游戏无法自拔：假装小心翼翼地偷窃，被老头发现那一刻的惊慌，被他抓住的瞬间忐忑，被他搜出赃物时被逼迫的屈辱……我痴迷于这样羞耻的快乐。

渐渐的，我成长为一个亭亭少女。高挑漂亮学习好，在别人眼里我是上进用功的好学生。可是只有我自己知道，老头阴暗的小店是我的潘多拉盒子，像一个黑色的旋涡席卷并吞没了我，我无力挣扎。

2

我努力考进外地的重点高中。陌生的城市，我以为能使我摆脱过去,可是我想错了。面对同龄人无忧的笑脸,我内心深处无与伦比地自卑。

这时,程宇出现了,高大帅气的他如阳光般点亮我的阴郁生活,给了从小就孤助无依的我内心莫大的安慰。当程宇吻我的嘴唇,我甜蜜地闭上了眼睛。他的吻温柔清浅,如棉花糖般甜美,可是我吃过了浓郁的巧克力,黑色的罪恶的巧克力在我心底挥之不去。

我很爱程宇,但是爱也无法掩饰我内心疯狂的渴望。我的身体对程宇的爱抚无动于衷,我渴望残暴的狂风骤雨。每个夜晚,阴暗的店堂、猥琐的老头都会出现在我的梦里,他们带着我沉向万劫不复的深渊。

随着高三临近,巨大的功课压力下,隐秘的心事像无数黑色蝴蝶找不到出口。程宇对我越好,我越烦躁,内心的秘密向往伴随着理智的挣扎,让我分裂般无所适从。

学校旁边有一家超市,我常去购物。走在一排排商品中间,物质散发着暧昧的欲望气息,让我有短暂的恍惚。我不由自主地把一袋杜蕾丝放进口袋,渴望着有一双粗糙的大手出其不意地钳住我的胳膊,胁逼我……我骂自己不要脸,却无法阻止内心深不见底的渴望。

这时,真的有一双手抓住我的胳膊,手指冰冷。我抬头,一个小个男人,留着两撇小胡子,严厉的目光让我明白他是一个便装保安。我被他拉着向超市后门走去,我狼狈地趔趄着……宛若一双手推开了记忆阀门,某种东西轰然在我体内点燃。

他把带到一个略显阴暗的小屋。我环视周围,桌子的后面是一张简陋的床,垂着脏兮兮的蚊帐。

保安拿出纸笔:“把偷的东西拿出来吧。”

我做出惊恐的样子,“我没偷!”

他冷着脸呵斥我:“快点,不然我不客气了!”

我看着他向我走来,一步步向后退,后背碰到床柱子,蚊帐扬起一片灰尘,随着灰尘的散落,我怯怯地交出了那包安全套。

小胡子看着那小小的一包,脸上浮现出一种古怪的神情,他不怀好意地笑了:“小小年纪就偷这种东西,我要告诉你们学校,让警察把你抓走!”

我看着他不遗余力地扮演大灰狼,我像只小绵羊般瑟缩着,发育很好的身体一起一伏。

“除非……你听我的话……”

小胡子把我推倒在满是异味的床上,迫不及待地扑了上来。他的手在我身上猖狂地掠夺,一股热浪从我的身体直冲大脑,在他肆虐的凌辱下,我在巨大的羞辱感中获得无与伦比的快乐。

回到学校,我不敢面对程宇的眼睛,告诫自己这是最后一次。可是,内心的欲望像毒蛇般纠缠着我,我再一次不由自主地走入小超市。

再次被带到那个阴暗的小屋时,小胡子吓坏了,他以为我带了人来报复他。失望至极的我很无耻地勾引了他,这传达给他另一个错误信息,他以为我爱上了他。

小胡子小心翼翼地抚摸我,可他越是温柔我越找不到感觉,他冰冷的手指蛇一样缓慢游走,我突然用尽全力把他推倒在地,衣裳不整地逃出门。

3

我和程宇考上同一所大学,程宇一如既往地对我好,好得让我觉得配不上程宇的深情。在小旅馆洁白的床单上,程宇珍爱地抚摸,好似我是贵重的青花瓷器……程宇很激动,一再问我好不好?我羞涩地点头,其实我什么感觉也没有,心里仿佛有个巨大的空洞，我听见无数黑色的蝙蝠扑拉拉飞过。

程宇送我回宿舍，我看着程宇走出我的视线后，便穿上大衣打车去东城，进了一家陌生的超市。现在我一眼就能看出哪个是保安，能看出他是否猥琐或暴虐。每个超市我只去一次，一是第二次会有危险，二是对方会有心理障碍，害怕我带了帮手来故意引诱他们。男人的胆怯和温柔同样让我索然无味。

我身后的黑胖男子，满脸粗糙胡楂，眼睛不看商品，死盯着采购的顾客。我故意在他面前把一小瓶香水放进大衣口袋。果然，一双大手抓住我的手腕……一切轻车熟路。在他的简陋办公室里，我畏缩的样子很容易就激起他体内的邪恶念头，我懂得如何无辜地勾引，像一个真正的受害者一般，承受着我梦寐以求的残暴。

羞耻伴随着巨大的快乐瞬间把我淹没，一切都不复存在，我的脑海里只剩下阴暗的店堂，肮脏老头把手伸进小女孩的裙子……

这时，房门嘭的一声被撞开，一个小胡子醉醺醺闯了进来，他看到我时眼睛一亮，原来他竟是我曾勾引过的一个保安。

被窥破的尴尬让我无地自容。我正要离开，小胡子迅速拉住我，对黑胖保安说："你以为她真想偷东西？她就是想男人想疯了，自己送上门来。你继续玩，哥们帮你拍照，怎么样？"

我蹒跚着走出超市时接到了程宇的电话，听到他的声音时我忍不住大哭起来，程宇慌了，"怎么了？亲爱的。"我猛然止住哭声，我怎么能让程宇知道这一切？

我尽量平静地跟程宇说我只是做了噩梦。程宇安慰了我好久，在他的宠溺中，我暗暗告诫自己，就当这是一场噩梦，醒来后永远也不要触及。我下决心戒掉自己的心魔，好好跟程宇在一起。

4

我惶惶不可终日地过了一段时间，在程宇的爱意和关怀下渐渐平静下来。可是，我却发现程宇越来越不对劲，经常躲着我，还总去小酒馆喝得醉醺醺的，问他怎么了也不肯说。这天，程宇和一个男生在校园里吵了起来，男生掏出手机调了调，让程宇看。程宇突然狂躁地抢过手机，用力摔了出去。我拼命拉住程宇，去看地上的手机，手机摔坏了，屏幕上最后一个画面，是我，还有一个肮脏的男人。

我的脑子轰的一下，仿佛被塞进了无数只马蜂。我看着一脸痛苦的程宇，不知该如何解释。

程宇说："你别说了，我都知道。"

"你不知道……"

"不，我知道。"

我吃惊地望着程宇，程宇深深地叹了口气："我是老李头的外孙。"

我不敢相信自己的耳朵，老李头就是那个阴暗小店里的猥琐老头。

程宇说："一次，我无意中看到了外公对你所做的事。但是我太小了，不敢告诉大人。很长时间我都沉浸在内疚里，痛恨自己，慢慢的，我发现自己爱上了清纯柔弱的你。我听说你要考外地的重点高中，我也努力考上同所学校。我以为我的爱能为外公赎一点罪，能让你忘记童年的伤害。可是，我错了。"

我傻在当场，原来他知道，原来他一直都知道，他还当我是他的珍宝。我感到无地自容，夺路而逃。可是我又能跑到哪里呢？到处都有人对我指指点点，那个该死的保安把视频传播到了网上，它像病毒一样迅速复制衍生，苍蝇般飞舞在我的生活中。大家都没想到貌似清纯的我，竟会如此放荡。

在众人的流言飞语中我的精神近乎崩溃，我办理了退学手续准备离开。程宇追到车站，“我跟你一起走。”我坚决地推开他的手。我是真的爱他，但是我也知道，我们已经不可能了。

也许他不在乎别人的看法，可是我在乎。裂痕只要出现，就永远也无法修补。我的爱情我的学业我的生活全完了。我望着窗外飞快后退的风景。我不知什么时候才能真正摆脱长久以来的心魔，也不敢去想，一颗泪水静静滑落眼眸。私

一个落跑新娘的祝福

在医院里，我对周水安和林静讲了所有的阴谋。我说："水安，林静才是真正爱你的人。"然后我脱下了婚纱，亲手把它穿在了林静的身上。

1

凌晨6点半，窗外的第一缕阳光从窗缝里挤进房间，温柔地洒在周水安的脸上。周水安像婴儿一样睡去。

我把房间里周水安呕吐的秽物打扫干净，静静地欣赏着床上的这个男人，生怕时间会悄悄地溜走。卸下那身“范思哲”，周水安的身体是那样完美，完美的犹如一件工艺品。原来，不但男人最想看的是女人不穿衣服的样子，女人最想看的同样是男人不穿衣服的样子。周水安不穿衣服的样子是我看不够的。我拿出手机，狠狠地拍了几张照片。

我的手机是林静经常要翻看的，我们之间没有秘密。

周水安的照片就像躺着的《大卫》。我突发奇想，假如我把这张照片放大挂在卧室的墙上，林静看到后会有什么样的表情。

放下手机，顺手翻看了一本床头的杂志，文章的标题是《你的一生我只借用一晚》。我暗笑这女人也太好打发了，换了是我遇到自己喜欢的男人，一定会用我的一晚搏回他的一生。

林静肆意地在我的面前晒着她的幸福，并邀请我做她的伴娘。

婚纱照里，林静微闭双眼，靠在周水安的怀里，四周花团锦簇，这让我想起了那个很俗气的电视剧的名字——《幸福像花儿一样》。我用微笑点缀着林静的幸福，内心的失落和不甘却从林静幸福的背后掩杀而来。

一直以来，我都渴望能由一个属于我的白马王子，带着我面朝大海，看春暖花开。周水安就是我想象中的白马王子，在春暖花开的时候他出现了。他身高180 cm，五官七窍配合默契，眼神温柔得可以杀死人——标准的帅哥；他会写诗，会弹吉他，还打得一手好篮球——十足的才子。他在我的眼里堪称完美。

唯一不完美的是周水安并不属于我。他是林静的男朋友，他们的婚期已定，三个月后，他就要成为林静的老公了。而林静，则是我最亲密的女友。

林静摇摇我的肩，问我在想什么。我说，在想该如何表达我内心的嫉妒感。林静呵呵一笑，我们两个开起这样的玩笑来，谁也不会当了真。

我已暗暗下了决心，我要赌一把，用三个月的时间去赌一生的幸福——从伴娘到新娘。

2

周水安醒来的时候，我放下了手中的杂志，手机镜头重新对准了赤裸的他。

周水安问我在干什么，这是哪，他为什么在这里。

我一一给他做了回答，“我喜欢你的身体，所以我要拍下你的照片作留念。这里是名门夜总会的包房，是情人幽会或者野男女苟合的地方。昨晚你喝了太多的酒，烂醉如泥后，让我给你以身当床……”

周水安低下头，发现自己仍与我裸体相对，赶紧用床单盖住了身体：“对不起！”

我笑了，所有的得意和无奈全部在笑容里凝固，“别担心，我喜欢你，我是自愿的，不会要你负责。”

周水安把头埋得很低，双手拼命撕扯着自己的头发，“可是这样怎么对得起林静？！”

他在说林静，他赤身裸体与我躺在一张床上的时候心里想的依然是林静。这样的男人太可气，这样的男人也太可爱。就凭他对爱情的坚贞，就进一步坚定了我把他从林静的手里夺过来的决心。

我说:“周水安,你和我躺在一张床上的时候,怎么能保证林静就不是在和别人共度春宵?”我知道周水安不相信我的话,就拨通了林静的电话,按了免提,电话那头传来了林静的呻吟声。我说,妖精你怎么成这样了。林静娇喘着说:“水安不在这里,人家有点情不自禁嘛!”

林静一个人到北京的时候,周水安并不知道,林静是在到了北京后才给周水安打电话告知的。这不能不让周水安想起林静的前男友,他现在就定居在北京。

周水安铁青着脸挂断了电话,穿上衣服一声不吭地钻进了门外停放的宝马车里。清晨8点钟,树叶在晨风中摇曳,小鸟在枝头唧唧喳喳地叫着,今天是一个好天气。

3

林静从北京回来的时候,周水安没有到机场去接她。林静让我帮她分析周水安为什么没来,我说:“或许是他想给你一个惊喜吧。”我知道这样的解释无法自圆其说。

林静到北京是去检查身体的,她和周水安同居了五个月,从来没有采取过安全措施,但是她的肚子也始终没有反应。周水安是特别想要小孩的,他的爸妈也急切地想让他生了孩子继承庞大的家族产业。

林静和周水安一起到医院体检的时候,让医生背着周水安给他做了男科检查,结果是周水安患有死精症,生育的可能性在10%以下。除非两个人当时都特别激情。这个特别是什么,医生没有给出解释。

林静并不死心,所以她没有告诉周水安就一个人到北京去检查身体,看到底是自己的原因还是周水安的原因。结果她的身体完全正常。

林静问我,该不该把真相告诉周水安。

我没有回答,冲到了卫生间,假装呕吐起来。我说,可能是昨天受了凉,感冒了。

其实,我早就在林静的包里见过周水安的诊断书,我也在想那个特别到底是什么。所以,那天晚上我让周水安喝了很多酒,又和他蹦迪蹦到凌晨2点,把他的身体调到了极度的兴奋点,然后给他下了药。

如果在周水安的心里我始终不如林静,那我一定要抓住这个唯一的筹码,我想一次成功怀上周水安的孩子。所以,我假装在林静面前拼命地呕吐。

周水安对我说,他一定要找林静要个说法,问他那天凌晨的呻吟声是怎么回事。周水安是优秀的,优秀的男人难免有点自负,周水安也不例外。他的帅、他的才、他钻石王老五的身份,使他身后有了整团编制的追随者。这样的人最不能接受的就是背叛。

我对周水安说:“你问林静那不是自投罗网吗,凌晨时分,你却和我在一起,这些怎么对林静解释。”

周水安却执意要问,他说我们的事他可以向林静坦白,但是林静的事也必须向他说清楚。

无法说服周水安,就只有在林静身上下工夫。我和周水安的事我会用自己的方式告诉林静,但是在周水安没有百分之百确信林静背叛自己的时候,我不想让我精心的设计就这样露馅。

那天,周水安睡着之后,我给林静打了电话,讲了许多荤段子。就在她心潮澎湃的时候,我告诉她我最近发现了一个情色网站,很好看。我可以想象那个时候,林静拼命地用冷水去熄灭自己的欲望,但终不能够。然后,她会打开电脑,一边看着激情表演,一边用自己的双手去释放分泌过剩的荷尔蒙。

所以，那一天与林静在北京的前男友无关，不是林静背叛了周水安，而是林静真的在周水安不在身边的时候情不自禁。

我说："林静，有男朋友的时候还自慰，那可是对男人最大的侮辱啊，有哪个男人得知自己无法满足女友的欲望还无动于衷的？"

林静听了我的话，周水安去问林静是否背叛过自己的时候，林静果然支支吾吾。周水安抛下了一句"退婚"就摔门而去。

4

林静在电话里哭得撕心裂肺，她说周水安不要她了，问我该怎么办。中午的阳光把林静窗台上的那盆君子兰晒得无精打采，林静的脸就像那行将枯萎的叶子。

周水安已经彻底失去了对林静的信任，我现在要做的是让林静也失去对周水安的信任，让他们的爱情和林静的心情一起枯萎。林静同样是个骄傲的人，也同样接受不了别人的背叛。

到了林静的房间，我就开始呕吐。进卫生间的时候，我顺手把自己的手机放在了林静身边。手机的画面已经设置成了周水安的裸照。

从卫生间出来，林静手里果然拿着我的手机。她的眼神在祈求我给她一个解释。我故意从林静手里抢走了手机，装作很慌张的样子。这越发引起了林静的怀疑。

于是，我含着泪对林静说："你到北京的那几天，周水安忽然约我一起到酒吧喝酒。几杯酒下肚，他忽然抱着我说，他后悔在咱们两个中间选错了人，让我给他一次机会。我当时很生气，他怎么可以同时玩弄咱们两个人的感情？咱们可是最亲密的姐妹！然而他却不由分说把我压在了身下。你知道我是不会答应的，可是那天我们喝了太多的酒，而且他的力气那么大……"

林静没有让我继续说下去。我跪在了林静的面前:“林静,你原谅我吧。如果能够让你们破镜重圆,让我做什么都愿意。”说完我又跑到卫生间去呕吐。

林静问我是不是怀上了周水安的孩子。我点点头,可能是吧,我也不知道这么小的几率怎么让我赶上了。

周水安和林静退婚了。周水安对他爸妈的解释是林静背叛了他。他的家里乱成了一团,周水安的妈妈大骂林静的无情和无耻,周水安的爸爸在想如何才能挽回他的面子。周家在本市有很大的影响力,周水安和林静的婚礼本可能成为全市最豪华的婚礼,而且他们准备结婚的事已经家喻户晓。更为难得的是,周家已经把周水安结婚的请柬全部发了出去,被邀请的对象也全是本市的达官贵人。如果婚礼被放了鸽子,周水安的爸爸自然会在圈子里给人留下笑柄。

周家的家庭会议一直开到凌晨 2 点。周水安的爸爸打断了还在唠唠叨叨地安慰周水安的妈妈的话,“水安,时间不多了,为了咱们这个家,为了你爸爸这张老脸,婚还是要结的,要不再找个人……?”

这世上有过顶缸爸爸,有过顶缸妈妈,还没有出现过顶缸新娘。当我从周家内部打听到他们家庭会议的决案时,我知道我赢了。我幻想着一个月后,周水安亲自给我穿上婚纱,在众多的亲友面前和我共饮交杯酒的样子。我的心里轻轻颤抖,脸上泛起一阵红晕。

5

我找到周水安,告诉他林静曾经背着他给他做过体检,他患了死精症,生育的可能微乎其微。周水安听完脸色煞白,他想要孩子的愿望落空了,他爸爸想让孩子继承家族产业的愿望也落空了。周水安也更相信，那天凌晨的呻吟声是林静在北京找了自己的初恋男友。他说："我没有想到林静是这样无耻的人，她知道我喜欢孩子，知道我爸爸想让孩子继承家族产业，又知道我没有生育能力，竟然想出'借种'这样的贱主意，试图瞒天过海……"

这个坚强的男人第一次流出了眼泪。我一滴一滴地吻干周水安的眼泪说："水安，至少你还有我，一个真正爱你不变的人。"

男人在这个时候的感情是脆弱的，他忽然像一头威猛的狮子，把我抱紧压在身下，狠狠地吻着我，然后一点一点解开了我的衣服。

我推开了周水安，又假装呕吐，跑到了卫生间。

周水安问我，"你怎么了？"他的话里有了从没有过的关切和温柔。

我低下头，"我可能怀了你的孩子。"

周水安的脸上泛起了红光："何灵，我爱你，我们结婚吧。"

周水安的眼睛一直盯着我，像在等待一场命运的宣判。三分钟后，我点了头。

周水安亲自为我穿上了婚纱，戴上了婚戒。我们举行着全市最隆重的婚礼，按照西方的礼仪。

牧师庄重地问："周水安，你愿意娶何灵为妻吗？"

周水安深情地看着我说："我愿意！"

我幸福地像花儿一样绽放在全市人的面前。林静曾让我见证过她的幸福，今天我的幸福则有全市人见证。

但是我还在等一个人，那个人就是林静。曾经她要我做她的伴娘，让我的心在滴血。今天我要让她亲自看到我如何从伴娘成为新娘，我要让她的心也在滴血。所以，我悄悄给林静也发去了请柬，邀请她来参加我们的婚礼。我一边听着牧师的话，一边盯着门口，我要亲眼看到她流泪，看到她认输。

就在我准备和周水安喝下交杯酒的时候，一个护士闯了进来。她不顾所有人的反对，把我拉到一角，给我看了一张诊断证明，“林静怀孕了，周水安的孩子。她现在正在医院，准备做流产手术。如果你还把她当朋友，希望你能劝阻她。她的手术马上就要开始了……”

小护士告诉我，林静给她讲了我们之间的故事。原来，林静早就知道了我爱周水安，也知道了所有的一切都是我安排的阴谋。但是当她知道我怀上了周水安的孩子时，为了我，为了周水安，她放弃了爱情，只为保存友情。那天她忽然晕倒，一头栽在楼下，到医院检查后，才知道原来自己也怀上了周水安的孩子。但是为了我们，她决定把孩子打掉……

我实在听不下去了，心底的眼泪瞬间在脸上决堤。我对周水安说：“水安，快跟我一起到医院，快……”

我穿着婚纱，在所有人不解的眼光中，拉着周水安一起向医院奔去。

在医院里，我对周水安和林静讲了所有的阴谋。我说：“水安，林静才是真正爱你的人。”然后我脱下了婚纱，亲手把它穿在了林静的身上。

我一个人离开了这座城市，在祝福他们有情人终成眷属的同时，默默祈祷他们能够幸福一生。私

18 岁的秘密无处埋藏

我带着小玉给我的第三个秘密，重新回到美美身边。我要背着从 18 岁开始，埋在心底的三个秘密，一直到死。

1

我是带着秘密离家出走的。那是18岁的夜里，当我在被窝里看着继母的照片，用力揉搓自己的下体时，我也看到了父亲那双失望而又愤怒的眼。

还没等到他的拳头砸下来，我抓起衣服落荒而逃。在我关上门的刹那，我听到父亲歇斯底里的吼声："小杂种，你再回来我就打死你！"

18岁时种下的秘密，在我的心里埋了多年。

那个暑假，我无意中看到沐浴出来的继母，昏黄的灯光下，她饱满的乳房在单薄的睡衣下若隐若现。我睡在阳台上的小床上，和她的房间只隔了一扇窗户。那晚父亲不在家，我偷偷地拉开窗帘，看见她斜着身子倚在床头。她静静地翻看一本杂志，湿漉漉的头发披散在浑圆的肩头，性感极了。

她丝毫没有发觉窗帘后面偷窥的我。我知道这样不对，可我的思想却控制不了行为。我一直看到她房里的灯熄灭，闭上眼睛，面前晃动的全是她，各种各样的姿势，风情万种。那晚，我梦见自己赤身裸体地和继母纠缠在一起。早上醒来，内裤上是斑驳的一片。

整个青春期，风韵犹存的继母就成了我自慰时幻想的对象。我对于同龄女孩的追求无动于衷，每晚都沉沦在对继母无边无际的想象里。

离开家后的第二天，走投无路的我去了一家洗浴中心，并且成了那里的唯一一名男技师。当时，我对按摩一窍不通，那个叫梅子的女人能要我，我已经是心存感激。我也是所有技师中年龄最小的一个，梅子很照顾我。她不厌其烦地教我按摩技术，她还夸我聪明乖巧，一定会受到客人的喜欢。

在正式上班之前，梅子说要检查一下我的按摩技术，她是我的第一个客人。从浴室出来，穿着宽松浴袍的梅子，竟然和继母有着几分神似。她趴在床上，我落在她身上的手指有些战栗，完全失去了力度。

梅子一边和我聊天一边让我不要紧张，慢慢地，我开始放松下来。我的手指用力捏着她的肩膀，可能是把她弄疼了，梅子的嘴里发出轻微的呻吟。我问她，是不是太用力了？梅子说，没事，挺舒服的。

后来，梅子翻了身，仰面躺在床上，我给她做头部按摩。从我站的角度看过去，能清晰看到低领浴袍下的半个乳房。这是我第一次这么清楚地看见女人的身体，仿佛一下子回到了 18 岁的那个暑假，全身的血液都开始燃烧，我的手指又乱了节奏。

梅子的胸口微微起伏着，声音也越来越性感，她感觉到我的不对劲，便问我怎么了。

此时，我身体的某个部位已经胀得难受，我说想去厕所，梅子却一把抓住了我的手。我被她拉到面前，她一定看到我膨胀起来的欲望。但她什么都不说，只是牵引着我的手，探进了浴袍里。

梅子说："这就是你以后的工作，明白吗？"

我茫然地点头，虽然我知道这是不正规的按摩，但我却接受了。不光是因为我需要这份工作，更重要的，是我喜欢这种感觉。

2

洗浴中心的女客人很少，工作并不忙。空闲的时间里，梅子经常亲自"检验"我的按摩技术。但她从来不和我做爱，欲火中烧的时候，她会让我拿出藏在床底暗格里的性用品，那个塑料玩意儿代替了男人，同样可以给梅子快乐。而我的身体，也随着梅子一声声的呻吟而爆发。

我在梅子的身边待了两年，从来没有和她做过爱。20岁生日的时候，我主动要求，她还是不答应。生日刚过没几天，梅子忽然告诉我，她在新西兰留学的女儿回来了。在此之前，我从来没听说她有个女儿。

如果不是梅子亲口告诉我，我真的不敢相信她有个和我一般大的女儿，梅子年轻得就像小玉的姐，可小玉却清清楚楚地叫她妈妈。

我试图从小玉的口里多知道一点梅子的事情，可是小玉却什么都不说。她只是告诉我，她很小就没有父亲，是梅子一手把她拉扯大的。虽然有很多男人追求梅子，但梅子担心继父对她不好，就一直没有再嫁。

至于梅子是如何起家，又如何成为这间豪华洗浴中心的经理，我就一无所知了。更奇怪的是，从新西兰留学回来的小玉，竟然没有找工作，而是直接留在了洗浴中心，成为梅子的助手。

有了小玉，我和梅子的接触就渐渐少了。小玉代替了梅子，定期“检验”我的按摩技术，面对小玉年轻的身体，我还是不由自主地激动，并且欲望越来越强烈。因为和小玉的年龄相仿，我大胆了很多。

有一次，半推半就地，我和小玉发生了关系，那是我们彼此的第一次。

事后我很害怕，梅子那么疼小玉，如果她知道了把我赶走怎么办？虽然当时我已有了钱，可我还是不想离开梅子。在陌生的城市，洗浴中心就是我的家，梅子和小玉就是我的亲人。

我和小玉迅速确立了恋爱关系，梅子没有反对，我的一颗心终于落下了。偶尔,小玉不在的时候,梅子还会要求和我玩那样的按摩游戏,但还是不会和我真正地发生关系。我矛盾极了,心里充满了罪恶感。我怎么能一边和小玉恋爱、上床,一边又和她的妈妈这个样子?

可我不敢拒绝梅子,再加上我越来越爱小玉,潜意识里,我开始厌恶梅子。

3

在我离家出走后的第四年,父亲去世了,他的身体本来就不好,加上对我的挂念和担心,终于一病不起。直到父亲咽气的最后一刻,我也没能和他说上一句话。悲痛欲绝地回到家,父亲已经被火化了。整理父亲的遗物时,我发现了他锁在抽屉里的照片,是他和梅子的合影。

照片虽然很旧了,可我依然能认出那个清秀的女孩就是年轻时的梅子。我一下子就想到了小玉的身世,她难道是父亲和梅子的私生女吗?那她不就是我的亲妹妹?一想到这,我就感到胃里一阵翻腾,天旋地转差点就昏了过去。

这是我的第二个秘密,连同青春期的秘密一起被我埋在了心里。我和小玉提出分手,我给不出合理的理由,只好说我爱上了别的女人。

小玉哭得很伤心,她使劲捶打着我的胸口。她说:"你不要我没关系,但你连孩子都不要了吗?那可是你的亲生骨肉!"

我愣了。小玉竟然怀了我的孩子!怎么能这样?她可是我的亲妹妹!我说尽了好话让小玉把孩子做掉。

我说:"我配不上你,更配不上做孩子的爸爸。"

最后,小玉含泪答应了做掉孩子。但同时也对我说,她一辈子也不想再见到我。

小玉拒绝我陪她去医院,她把我所有的衣物都扔了出来,站在门口歇斯底里地喊着让我滚。我踉跄着离开洗浴中心,一夜之间,我又成了无家可归的流浪汉。

美美曾经是我的同事,在洗浴中心做了三个月的技师。她一直喜欢我,但碍于梅子和小玉,她没敢跟我说。她走的时候悄悄塞了一张纸条,说如果有一天,我离开了,随时可以去找她。

美美独自住在一套奢华的公寓里面,她说被个有钱的台湾老头给包了,那老头一个月只和她见一次,其余时间都在台湾。我不爱美美,自然对她的感情生活没兴趣。我住进来的第一个晚上,就被美美拖上了床。

美美说:"男人都没良心,人家小玉怀了你的孩子,你都能和她分手。"

也不知道哪来的脾气,我抬手就给了她一耳光。美美没哭,她接着说:"你越坏,我就越爱你。我要是怀孕了,你会不会娶我?"

我斩钉截铁地说:"不会。"

美美趴在我身上,捏着我的鼻子说:"你会娶我的,一定会。"

离开梅子,离开小玉,任何女人对我来说都没有区别。我看着美美说:"既然你那么爱我,那就结婚吧。"

4

时间过得很快,美美的腹部一天天隆起。她和台湾老头分了手,得到一大笔钱。把公寓重新装修了一遍,我和美美迅速结婚。

快要当妈妈的美美变得很温和,她的脸上凝聚了越来越多幸福小女人的神情。时过境迁,那些往事渐渐被我压在心的最底层。对美美,对这个家,我开始承担起应尽的责任。我拿出自己的全部积蓄开了一家按摩店,生意还算好。

和小玉分手后,我没想到还能再次见到她,我更没想到面对她时的心情是那样平静,或许,我真的把她当成妹妹了。小玉胖了,她脸上的表情淡淡的,怀里还抱了一个嗷嗷待哺的婴儿。

我们的对话很简单,我问她:“幸福吗?”

她点头,“你呢?”

我说:“还好,结婚了。”

小玉不说话,我接着问:“他呢? 对你好吗?”

小玉说:“很好,他很爱我。”

我的一颗心终于放下了,我很想把她的身世告诉她,可是看了看她怀里的孩子,又想到她现在平淡踏实的生活,终究是没有把秘密说出口。

我还想问问梅子怎么样,话没出口,孩子就开始哭。小玉坐下来,敞开衣襟喂奶,我赶紧扭过头去。

小玉临走时,我问:“留个电话号码,行吗?”

小玉想了想,还是同意了。

小玉走后,我有很长时间心不在焉的。美美的肚子一天比一天大,只有趴在她的肚子上,对着孩子说话的时候,我才能感觉到一丝将为人父的自豪和幸福。

怀孕后的美美,越来越变得疑神疑鬼,她开始翻我的手机,或者一有短信来,她就抢先去看。当她看到我手机里存着的小玉的电话时,美美和我大吵了一架。

为了孩子,我忍了。只是美美却越来越不可理喻,即使我和小玉没有任何联系,她也会翻出那些陈芝麻烂谷子的事来说。我很想告诉她小玉是我妹妹,可我不能。我被美美折磨得焦头烂额，她却说这是我欠她的，谁让我以前不爱她。

其实，我现在也没有爱上她。

5

小玉的电话虽然存在我的手机里，可是我没有主动和她联系一次。孩子出生后，我觉得生活终于有了奔头。为了儿子，我更加努力地工作，起早贪黑，忙碌的生活让我无暇去想小玉和梅子。就在这个时候，小玉主动找到了我。

她的第一句话就是，“梅子死了。”

我不想哭的，可是泪水还是模糊了我的眼睛。我和梅子在一起生活了好几年，在我无家可归时，是她收留了我。她对我既有情，又有恩。

小玉又给了我一张照片，和锁在父亲抽屉里的那张一模一样。小玉说：“梅子很爱你的父亲，爱到可以不要名分想给他生个孩子。你小的时候，她还抱过你。后来，你父亲觉得对她不公平，就和她分手了。”

“梅子是个好人，她一直资助我读书。我真的在新西兰留过学，留学回来，那是我第一次和梅子见面。她资助了我 12 年，之前我虽然没见过她，她的年龄虽然也不够做我的母亲，可我一直叫她妈妈。”

“你长得太像你的父亲了，梅子没办法不爱上你。后来，她知道了你的身份，因为对你父亲的爱，她甚至想和你生一个孩子，因为你的身上流淌着和父亲一样的血液。”

“可是梅子做不出那么违背道德的事，她矛盾极了，一方面想生个孩子弥补她和你父亲之间的遗憾，一方面她又没办法和你那个。她只有找到我，让我帮她。她借了我的子宫，孕育了你们的孩子。”

“我爱你，我也想给你生个孩子。可是梅子对我有恩，我没有办法拒绝她。那天你看见的孩子，是你和梅子的。”

小玉走了，她说她会把孩子养大。

我带着小玉给我的第三个秘密，重新回到美美身边。我要背着从 18 岁开始，埋在心底的三个秘密，一直到死。私

罪恶往事，如鲠在喉

我以为我一生都要这样平缓而寂寞地度过，将来娶一个门当户对的女人，然后生个孩子。可是那次偶然，我遇到了同学高博，继而爱上他的妻子朝阳。我的生活从此惊涛骇浪……

1

两年前的那个冬天，天冷得彻骨。武汉下了十一年来最大的一场雪。一天晚上下班后，我裹紧羽绒服，来到一家咖啡厅吃东西。

坐定后，对面来了一对年轻情侣。女孩面对我坐，穿一件低胸毛衣，露出一半小苹果一样好看的乳房。由于她对面的男人背对着我，我便放肆地多看了女孩几眼。她感觉到了我的注视，冲我微微一笑。

巨大的落地玻璃窗外飘扬着大朵的雪花。女孩的笑脸却令我感觉到了别样的温暖。我叫服务员上了一杯红酒，端着高脚杯走了过去。我想以见过她为由，当着她男友的面与她正式认识。不料当我走过去看到那个男人的脸时，立刻呆住了，他竟然是我的同学高博。

高博见到我，也大吃一惊。寒暄之后，我在他旁边坐了下来。原来高博毕业后在深圳待了半年就回到武汉发展，这个女孩是他准备下个月结婚的女朋友，名叫朝阳。

我歉意地冲朝阳笑笑，算是打过了招呼。朝阳回了我一个复杂的眼神。那一瞬间，她的目光，忽然很深地触动了我的心。我想，如果她要嫁的人不是高博，我一定会千方百计把她撬过来。

临走时，我与高博交换了电话号码。我还言不由衷地叮嘱他结婚一定要邀请我。临走时，我看到朝阳再次回过头来，很深地看了我一眼。

我的心战栗起来。平生第一次知道了什么是一见钟情，可是这个美得不染纤尘的女子，却马上要嫁做他人妇！

那个晚上，回到家里，我闭上眼睛就是朝阳复杂的目光，我知道，她洞穿了我的心。

半个月后，我接到了高博的电话，请我去参加他们的婚礼。

我穿上了自己最昂贵的一身西服，向朋友借了辆车子——尽管我知道我做的这一切毫无意义。可是我仍然像一个初恋的男生第一次约会一样，忐忑不安不能自抑。

朝阳漂亮得如同卡通画里成年版的公主。当酒敬到我面前，我已经喝得醺然。朝阳一言不发地看着我再次将一杯白酒一饮而尽，挽着高博麻木地走向下一桌……

婚礼快要结束的时候，人已经走得差不多了。我踉踉跄跄地站起来准备回去。朝阳却忽然出现在我面前：“王哥，你还能开车吗？我要去给我几个外地的朋友订回去的火车票，你送我一程吧？”我转脸看过去，高博正在包房里陪他最亲近的一桌客人吃饭，看样子已经喝得差不多了。于是我鬼使神差地点了点头。

朝阳上车后，一直不说话。订票点很近，但要经过一段施工路段。车子颠簸时，她的身体便晃了过来。丝缎一般的长发轻轻拂在我换挡的手背上，我的身体立刻起了反应。

酒精在血管里一点一点温暖，我再也抑制不住自己的冲动，将车停在烂尾楼脚下，解开安全带，亲吻了她。当她湿软的舌尖像一条鱼滑进我的口腔，我终于全线崩溃，疯了一样将她抱进后座，撩起她洁白的衣裙……

从始至终，朝阳一直没有反抗。当我进入她的身体，被她的湿润和紧致完全包围时，我瞬间沉浸在这虚脱般的快乐中。我狠狠地抱着她，我要把她整个人都揉进我的生命里。

当我完全清醒过来，朝阳已经开始穿丝袜。我扳过她的脸，她哭了。

我记得她唯一的一句话是：“我爱你，从见到你第一眼开始就爱你，可是为什么那一天之后你不找我？”

2

回到家中，心里全部是朝阳凄艳的表情。也许在半个月前我找她还是有希望的，可事到如今，我们不可能有未来了。

高博是医生，工作非常忙。从那以后，朝阳便经常找我。如果说我们的第一次是混杂着酒精的冲动，那么后来，便是我一次次无法抵御她的身体带给我的快乐。

春天来的时候，我带她去了大理。我们住在一个小小的木屋里，在这犹如画卷的美丽中，夜以继日地做爱。

从大理回来后，朝阳对我更加依恋了。她几乎每天都要打电话给我，这令我恐慌起来。万一我们的事情被高博发现，将情何以堪？我毕竟受过高等教育，不是一个无赖一样的男人，我无法想象这件事被公开的严重后果。

我迅速地把我们的关系摆正了位置，虽然喜欢她，但不能娶她。不仅因为高博是我的同学，还因为我是一个有着光明前途的公务员。我想我不能再这样沉沦下去了。

然而朝阳一意孤行，频繁约我去酒店行欢。

一个周六的晚上，高博意外地约我吃饭。我忐忑不安地随他和另两个同学来到酒店，刚刚坐定，手机便响了。我掏出来一看，竟然是朝阳。大惊失色之下，我仓皇地跑到包房外面接电话。朝阳此时打电话来，仅仅是因为知道我和她老公在一起，觉得好玩。

我气愤地数落了她几句，回到包房。高博笑问我是不是有了女友。在大家的调笑下，气氛轻松得史无前例，看样子没有人知道我的秘密。我这才暗暗放下心来。

从酒店出来，高博送了我一程。一路上，他始终在关心我的终身大事，劝我遇到条件可以的就结婚。我的心，像高速运行的电梯，忽上忽下，忽开忽合。看着他淳朴的样子，我知道，是到了我和朝阳了断的时候了。

第二天下午，我正在开会，朝阳的电话打了过来，不依不饶要我去酒店陪她。无论我怎样哄劝都无济于事，我只好关了手机。下班后开机，她的短信排山倒海，令我心惊肉跳："宝贝，你不要我了吗？你再这样无情，我就把这事告诉高博，让他好好收拾你。"

这些短信令我对她产生了一丝厌恶。我打电话给她，提出了分手。朝阳不依，在电话中哭泣和质问。我正在劝她，忽然听到高博的声音："这么晚了还不睡，跟谁打呢？"我胆战心惊，吓得连忙把电话挂了。

我想这样下去我一定会疯的。为了避免朝阳的骚扰，我第二天便换了手机号。

可是一周后，朝阳却将电话打到我办公室来，再次不管不顾，指责我花心。我握着电话，无可奈何地与她对峙。仅存的一点好感，在她的哭闹声中全部消失殆尽。

3

我仿佛患了手机恐惧症。当手机响起，我全身的血液便都涌上头，不敢去看。更不敢接。每天走在上班的路上，看到过往的陌生人群，我仿佛可以感觉得到，每个人都可以看见我肮脏的灵魂。

和朝阳的事情，是我一生中唯一的亏心事，也是唯一令我后怕与后悔的事。我每天生活得小心翼翼，却仍然感到生活原来是这样令人诚惶诚恐，无能为力。

也许是由于无时无刻紧紧地绷着那根弦，我的身体越来越差。三月的一个晚上，我正在家里拖地，忽然感到腹部一阵绞痛。我疼得蹲下来，那一刻，我忽然想到了高博，他是内科医生。

我坚持着打通了高博的手机号。听说我病了，他立刻驱车来到我家，将我背上车，载往医院。

折腾到半夜，查出我患了阑尾炎。高博二话不说，开始着手为我准备手术。

麻醉师是一名45岁左右的中年男子，麻醉实施过后，我感到呼吸越来越沉重。接着有东西夹住自己的手指，有小纸片贴住我的眼睛，腰上也被粘上东西……我感到自己可能很快就会睡着。可奇怪的是，我却一直能听见医护人员的对话。

身边站着三个人，麻醉师在那儿大谈昨天的足球赛事，护士在旁边做着准备工作，这种奇怪的感觉陌生而遥远。大约10分钟后，麻醉师查看了我的心率、呼吸和体温，宣布手术可以开始。

我吃惊地感到，一块中间有个洞的布盖住了我的身体，只露出我的腹部，接着，我的腹部一凉，应该是在被大面积消毒。我忽然意识到，要开始动刀了！我慌了，自己还没有睡着！

我想挣扎着动一下，却发现这只是徒劳！我根本动不了！连眼皮都动不了！肢体仿佛已经不是自己的，却真切地有感觉！我被巨大的恐惧淹没，在心底拼命地呐喊："救救我！"

几名医护人员依旧在我身边谈笑风生。我完全崩溃，感到冰凉的手术刀刺进了腹部的皮肤，立刻一热，护士用纱布为我止血。接着，一个金属支架伸了进来，将我打开的皮肤撑开……我在心底一遍遍呐喊："不！不要再继续了！我有痛感！"可是我绝望地知道，没有人能听见我的呼声！

我不停地鼓励自己：想点别的事，想快乐的事……可是还是睡不着！我能够听到高博的命令："找到阑尾没？""镊子。""止血钳拿走。"甚至他对麻醉师说："你可以出去了，反正这儿没你什么事了。”接着我听到麻醉师道谢，并走出去的脚步声。

手术室里只剩下高博和护士。护士在给我缝合时，出奇地安静。许久，护士小声问：“今天晚上不回去了吧？去我那里。”

高博应了声。我吃惊极了，原来，看似老实的高博竟然也有婚外情人。

更让我吃惊得还在后面，我听到高博压低了声音说：“我老婆肯定是外面有人，可她还是死拖着不肯离婚。这样的女人死了才好，我已经把那东西给她了，我看她身体也越来越不好了，应该快了。”之后护士好像有些担心，说：“要是被发现了，那可是死罪，咱俩就全完了。”

高博安慰她道：“你放心吧，我们做得天衣无缝。”

我吓得连疼痛都忘了，我想，不能让他们发现我是醒着的。明天，不，手术结束后，我要通知朝阳，让她提防着点儿。

4

我在清晨睁开了眼睛。

高博前来探望时，我看着他那张朴素的脸，无论如何也想不到，在他的身上，竟也有着那么多那么多的阴暗。他们对朝阳做了什么？朝阳会怎么样呢？

高博走后，我挣扎着拿起电话，可一个可怕的念头从我脑海里跳了出来，不要告诉她，这样就不会再有纠缠了……再说，也许那真的只是我的幻觉，那么老实的高博，怎么会谋杀自己的妻子呢？我想了又想，终是没有提醒朝阳。

两个月后，我得知了朝阳住院的消息，她莫名其妙患了肾衰竭。

得到她病危消息时，窗外的栀子花开得正旺，香气袭来，我甚至不能立刻转过弯来。她为何忽然这样莫名其妙地患病，突然,手术中那一幕又跳进了我的脑海,我僵在了那里,难道,真的是高博吗?

一周后,传来了朝阳病逝的消息。一切都是那么莫名其妙。但是我终于相信了,其实所有的一切都是真实发生的,只是我一直不愿相信,看似老实的高博也有了一个天大的秘密,只为我所知。

我不是凶手,可我是她间接的致命者。

那个晚上,我闭上眼睛,眼前便全都是朝阳笑盈盈的样子。我无数次地从梦中惊醒。

朝阳下葬的那一天,高博哭得像个孩子。我这才知道,她是怀着身孕离去的,而那个孩子,我甚至不知道是不是我的骨血。

那个黑色的四月,我每一天都哭。我像一个丢失了玩具的孩子一样,找不到自己的灵魂。对朝阳的想念,忽然间排山倒海,巨大的内疚,呼啸着朝我奔来。我无心工作,无心饭食,什么都无心……

也许,在那个落雪的冬日,我端着高脚杯走近她的那一刻起,就注定了我这一生,都将为负她而疼痛。

半年后,我接到了一个同学的电话。他告诉我,高博由于将非常像银手链的伽马放射源送给妻子,导致她患病并死亡,有重大杀人嫌疑,已经被批准逮捕。

听到这个消息,我终于抑制不住内心的伤悲,号啕起来。这哭泣,为朝阳的不幸,也为我那肮脏的居心和懦弱的灵魂…… 私

欲望过后，我只有亡命生涯

我真后悔，悔不该因一时贪念，断送了自己的前途；直到现在，我才真正明白了老老实实赚钱，本本分分做人这个沉甸甸的道理。

1

我 1981 年出生于上海一个普通的工人家庭,父母因为只有我一个儿子,十分疼爱,竭尽全力供我读书。可惜我不争气,考了个三类大学;大学毕业后,一直没找着合适的工作,却疯狂地喜欢上了摄影。

2003 年夏,我在本市的一个摄影爱好者聊天室游玩,结识了一位网友。网友问我愿不愿干一个新行当,可以赚大钱,他所说的新行当就是"偷拍",专门偷拍那些有钱的老板们与他们的情人寻欢作乐的艳照,然后从他们的妻子那儿领取丰厚的报酬。

这个职业很刺激,但好像不怎么正当,我说我需要考虑一下。一周后,我在 QQ 上向网友提起偷拍的事,答应试一试。

那是一个周末,在网友的安排下,我见到了我的第一个雇主林太太。40 多岁的林太太穿着气派,举止不俗,她看了我的身份证,问了一些关于我的具体情况,大约是觉得我还行,便开始提要求,比如:拍摄的照片要清晰,要拍下被跟踪对象正面相,若碰上一些亲昵的镜头一定要抢拍下来,等等。

最后,她交给我两张她丈夫的照片,反面记有他丈夫的车牌号码,并付给了我 1 000 元定金,作为活动经费。

林太太的丈夫姓邵,是一家电器公司的老总,资产逾千万,他本来与妻子恩恩爱爱的,不想两年前公司来了个 23 岁的财务小芳,从此邵总便"移情别恋"了。

林太太也不想与丈夫离婚,她只是要几张能证明丈夫婚外情的照片,如果将来不离婚不行,可以拿出来请求过失赔偿。

我跟踪李总十天,拍到了十几张两人在一起的温馨照片,比如,邵总与小芳一起吃火锅吃得满头大汗,小芳拿出手绢轻轻的给他擦汗;两人过马路,邵总的右胳膊紧紧地搂着小芳的腰;还有一张，两人玩够了分手，邵总送小芳到家门口，小芳抱住邵总的脖子，来了一个绵长而热烈的吻，被我从旁边抢拍到正面相。

林太太对我的照片十分满意，她又付给了我 3 000 元酬金，把我乐坏了。

我拿着这笔钱，买了辆雅马哈摩托车，作为我今后工作的必备工具。不久，林太太又找我了，她有两个姐妹也有求于我，于是我又在她手里做了两单生意，赚了几千块钱。

偷拍就是这么简单，一台相机，一辆摩托，加上些许耐心和一双锐利的眼睛，足矣。我决定把偷拍当职业长期做下去，于是连忙草拟一份广告，打印了 50 份，分贴在各类建筑物及电线杆上。很快，第二天，我的手机就响了起来，接下来好几天都有业务做。

2005 年 2 月，鉴于私人侦探市场的强大潜力及我手中的活越来越多，我索性雇了两个人，成立了一家专门的“私人侦探公司”，希望能做出一番事业来。

2005 年 9 月的一天，一位姓秦的少妇来到公司，要求我们取到她老公的“床上镜头”。这项业务以前也有人向我提过，被我拒绝了，因为难度太大，而且超出了我们公司的业务范围，是对个人隐私的严重侵犯。

秦太太见我犹豫，有些急了，说：“你们是专门做这种生意的，哪有生意来了不接的道理，再说了，不都是为了钱吗？我愿意出大价钱！”

钱真是好东西，我一下被说动了，答应试试。

秦太太的老公姓李，是做服装生意的，我派人跟踪了几天，发现他经常从公司开车出来，到建设路的一家咖啡厅等人，不久就看到一位身材婀娜、二三十岁的女人出现了，两人一同乘车离去。两人通常是到宾馆开房，这让我们无法下手，因为宾馆的管理都很严格,不可能事先躲到他们的客房里去。

就在我们都快泄气的时候,忽然有了一个机会。一直跟踪李老板的刘锋发现李老板和他的情妇开车到了城西的一片树林中,他立即跟上去。可正当他准备拍摄时,被对方发现了,刘锋头上挨了一棍,晕了过去,李老板居然将他衣服剥光,拿走了。

我在公司里一直不见刘锋回来,打手机又没人接,只好驱车去寻,最后才在城西的那个树林里,找到了赤身裸体、在树林里抱着双臂东张西望的刘锋。时值十月天气,刘锋回家后大病一场。

这以后,我再也不敢答应给人偷拍床上镜头了。

2

不久,又有一位姓李的太太来公司,给我们带来了新的难题,就是跟踪到她丈夫与情人鬼混的地点后,直接打电话给她,她再来捉。当时,我不在公司,是我的另一个职员黎明全接的单。

经过半个月的努力,一天,黎明全瞅准了李太太的丈夫与情妇正在李太太的家里偷情,他立即打电话给李太太。十分钟后,李太太匆匆返回,将他们抓个正着,她对丈夫的情人大打出手,却把丈夫惹怒了,拳打脚踢,将李太太打得不能动弹。

李太太的本意是羞辱丈夫,让他收敛点,可是这样一来,丈夫被激怒了,他动用各种关系,坚决地与李太太离了婚。李太太没有工作,离婚后处境凄惨,她一口气没地方出,却跑来我们公司,说是我们害了她,把挂在公司前面的牌子撬下来,用脚踩了个稀巴烂,引来很多群众旁观。

俗话说得好,"宁拆十座庙,不毁一桩婚。"旁观的人议论纷纷,很多人说我们开这样的公司缺德,当时,我的心里刀绞一般的难受。

经过这两件事，我开始重新审视我所从事的职业。以前，我一直认为自己是正义的，对婚外恋者起到了一定的惩戒和遏制作用，现在看来，并非如此，因为我“帮助”过的很多人，她们的丈夫出轨的原因很复杂，婚姻并非到了无可挽回的地步，可是经我一“帮忙”，一个原本还可以维持的家很快就分崩离析了。

这样想着，我开始有了淡出此行的想法。

我已经想好了我的新职业，就开一家照相馆，可是，我的想法还没有付诸实施，又发生了一件让我终生难忘的事。

我永远记得，那是 2006 年 5 月的一天，一位姓李的中学女教师找到我，要我弄一份她丈夫的婚外情证据，而且要比较有“说服力的”。开始，我还有些犹豫，不想干，但她居然哭哭啼啼地求我，我想，最后一次吧，就算是收山之作。

我跟踪了李老师丈夫两周，才发现他与电子厂一个女孩有来往。他们幽会的地方不固定，有时是咖啡馆，有时是公园，有时是水库的堤坝上。

3

一个月后，当我 1 000 元钱用得差不多时，才找到了一个机会。他们俩骑着摩托到了水库的堤坝上，我跟踪在后，躲在丛林里，拿着相机，等着观看即将出现的黄色录像“现场直播”。因为比较远，我使用的还是长焦镜头。可是，我看到的情况很特殊，两人一见面就在争论什么，最后，那女的紧紧抱住男的。

机会难得，我立即开始拍摄，遗憾的是，两人并没有进入实质性内容，就那样抱着过了好一会儿，男的才突然把女的推开，带着她离去了。

我愣在那里，半天才回过神来，不知道这些照片能不能换回那剩下的 4 000 元钱。第二天下午，我打了女教师的电话，约了地方见面。

当我把她丈夫与情人在一起的照片给她时，她没有问我什么，也没有像其他人一样怒火中烧，而是泪水长流，久久不能平静下来。我看她伤心欲绝的样子，忍不住告诉他，她丈夫与那女孩其实并没有发生关系。她却不信，一边哭着说："你别安慰我了……"一边从坤包里拿出 4 000 元钱，塞给我后，流着泪匆匆离去。

两天后，我得到消息，女教师自杀了，服用了过量的安眠药，并拧开了液化气灶的阀门。

我是在侄子的家里得知这一消息的，原来李老师是侄子的语文老师，听侄子说，班上很多学生都哭了，李老师对他们太好了。

我再也找不到以前的那种挣大钱的快感了，虽然她是自杀的，但这种自杀，与我提供的那两张照片有直接关系；那么，我还能心安理得的享用那带着血腥味和罪恶感的 5 000 元钱吗？我深深感到，我是用一种侵权而非维权的方式在赚钱，而这赚来的钱，让我感到了耻辱。

一周后，我遣散两位雇员，关闭了公司，又把用过的两个手机卡扔掉，决定重新做人。

可是，已经晚了。

公司关闭后，我在离家很远的街面上租了个门面，开了家小型照相馆。终于有了个正当而体面的职业，我感到一阵轻松，从此开始认认真真的做生意。

可我的心里总不踏实，总有一种不祥的预感。

果然，一天，我正在照相馆忙着，外面走进来四个男人。为首的那个，正是李老师的丈夫，他眼冒凶光，手里拿着两张照片，一进来就冲我骂:“妈的,这是你偷拍的照片吧,是你害死了她……”

我的右脸上挨了一拳,接着又被一脚踢得跌倒在照相馆门口,这倒给了我一个机会,我爬起来就往外跑,结果,我的照相馆遭了殃,被那四个人一顿乱砸……当我回来的时候,看到的是一片狼藉,我花了近 10 万元买回的设备及装修全部被毁。

后来我才知道,李老师临死前,把那两张照片放在了抽屉里,她丈夫整理遗物时翻出来,顺藤摸瓜,最后查清楚是我们公司的杰作,这才来寻仇的。我这叫罪有应得。

照相馆是开不成了,我决定另谋职业。

4

11 月的一天,我在大街上闲逛,在一根电线杆上发现一张“私人侦探”的广告,后面留下的联系方式很有些眼熟。我拿出手机,按上面的号码拨过去,对方果然是我原来的职员之一黎明全。原来公司关闭后,他继续做着私人侦探,黎明全知道我现在无所事事,起劲地劝我重操旧业,他愿意再跟着我干。

回到家里,我陷入沉思,的确,我没有了工作,老这样下去是不行的,重操旧业不失为一个办法。但是,一想到这个职业带来的后果,我心有余悸,还是决定放弃。

我给黎明全回电,说我不想干,并告诉他我的照相馆被砸的事,劝他也停止,他还只有 22 岁,不适合干这一行。可是,他听不见我的话,坚持要干下去,我毫无办法。

2007 年年关将近,一天,我忽然接到黎明全的电话,他说他被打了,伤得很重,住进了医院。我急忙跑到医院,看到黎明全一脸苦相,五花大绑地躺在床上。黎明全的母亲守在他的床边,看到我,开始还笑着脸相迎,但一听说我是他以前的老板,马上冷着脸，不再吭声了，似乎很讨厌我，不知是什么原因？

据黎明全说，一周前的下午，他从发廊理完发出来，被三个身材高大，手持木棒的小年青围住，问了几句话便一阵乱打，他的头部多处受伤，脊椎骨当场被打断，晕死过去。黎明全告诉我，打他的人不是现在结的仇，而是我原来公司还在的时候，他奉命跟踪过的一个老板干的。我的心像是被扎了一下。

回家后，我给黎明全送去两万元钱，黎明全很感激，他拉着我的手，又告诉我，要我最好出去避一下，那天那几个人打他的时候，逼他说出了我的家庭地址，他们扬言要找到我的家，打断我的腿。

我听了不觉苦笑，但心里真的害怕他们闹到我的家里去。就这样，我于 2006 年 4 月底离开了家。

我四处流浪，一直都不敢回家，我真后悔，悔不该因一时贪念，断送了自己的前途；直到现在，我才真正明白了老老实实赚钱，本本分分做人这个沉甸甸的道理。私

情陷高跟鞋的夜晚

我才知道，得不到，已失去。爱抓得越紧，陷之越深。倾尽一生的爱并没有错，只是，所爱非人。

1

那夜,我失眠了。

怎么也睡不着,也许新买的床睡不习惯?我起来,抽完一根烟后,我终于找到睡不着的原因。九楼上又开始发出奇怪的"咚咚"的声音。三个月来,每天或隔几天,楼上总发出这样的声音。

之所以一直忍受着,是因为在这个声音之后不久,我总能听到楼下传来上楼的高跟鞋的声音。然后听到楼上有开门的声响,接着那个奇怪的"咚咚"的声音便戛然而止。

更多的时候,我在跟乔乔做爱时,听到那个高跟鞋的声音。像月光里细滑光洁的鼓点,充满了诱惑与暗示。往往,那一夜我能与乔乔彻夜征战,奋力厮杀。

我像精力旺盛的野马,在乔乔身上驰骋千里,开垦妖娆的土地。每次乔乔都会扬起绯红的脸,眯着眼睛说:"你好棒,我不能没有你。"

乔乔是我女友。

我开广告公司,并且很快在圈子小有名气。我知道,这一切全靠乔乔父亲背后的支持。因此,我只能对乔乔全力以赴。只是,有的时候我会突然停下来看看手机上的时间。凌晨 2 点回家的女子,会是个什么样的人呢?

有着月光里光洁细滑的鼓点似的高跟鞋的声音,凌晨 2 点回家的女子,穿过我跟乔乔暧昧的八楼。

我开始迷恋那双高跟鞋的声音。

我开始注意九楼。

九楼慢慢开始传出吵架的声音。

我听到有女人的哭声,然后是一阵窃窃私语。女人与男人低声争吵着什么,两种声音混在一起,听不清楚。然后两种声音慢慢平息，再也听不到任何声响。似乎这一切都是我的幻觉。

终于有一天，我听到玻璃体破碎的声音，砰的一声，春雷炸响。我似乎看到，玻璃体在地上绽开出怒放的花蕊，然后瞬然开败，像失去生命的眼神。玻璃碎片撒落在墙角，一片一片，碎了一地。

楼上激烈混乱的争吵顿时沉默下来，接着我听到熟悉的高跟鞋急匆匆下楼的声音。我倚在窗口，看到一袭白衣的女子在暗夜里独行。她的肩头在微微抽动。

我看了床上熟睡的乔乔一眼，然后开门跟住了她，没有理由。

我开着车子，很小心地跟在她后面。她一点也没注意到我，她甚至没发现有人跟着她。她没发现有一个男人，在街道的侧面，远远地看着她长长的头发紧贴她细薄的双唇。

她一路跑到湘江大桥上，站在橘黄色的街灯阴影里哭泣。我停下车靠在车门边，点上一支烟。升起的氤氲烟雾里，我看见她伸开双手跃跃欲跳。

我跑过去把她横腰抱下。她显然把我当作了劫财或劫色的歹徒，她在我杯里开始惊恐地大叫，我把她放下。

“不过是跟男友吵架，何必轻生？”

她惊魂未定，只是停止了叫喊，扬着一脸的疑惑与悲伤看着我。

“我就住你楼下。我听到你们吵架。”声音里，居然带着一丝心虚。

“我楼下？”她吃惊地看着我，“我只不过想吹吹风，先生。”

我想我因为这个误会，在她面前而显得愚蠢透顶，我想我应该马上礼貌地离去。这一切，与我脑海中出现的画面根本不同。

“我想喝酒，愿意陪陪我吗？”

我干涩地点点头。

我没有问她为什么跟男友吵架,也没有问她九楼凌晨 2 点响起的奇怪的声音。一个男人应该知进退,一个女人身上永远藏匿着男人不应该发现的秘密,这个道理我懂。第二天早上回家我打开门,乔乔衣着整齐地蜷坐在沙发里,冷冷地看着我。

目光冰凉而绝望。

2

楼上这个叫阮岚的女人,此时正坐在我车上。阮岚在 pub 里做领舞,细薄双唇,桃杏眼,分明是凉薄的命,何况做上这等风尘差事,又怎么能不在几家 pub 里来回穿梭讨生活?而我不过只是把她从这家 pub 送到另一家 pub。

阮岚软软地躺在坐椅上,闭着眼睛,头发从光洁的额前搭下,面色苍白神情荒凉。她突然说:“带我走好吗?带我离开。”然后,她靠在我身上开始抽泣起来。眼里温暖的液体慢慢润湿了我的肩头。我停下车,任她在我怀里哭泣。

我带着她开始四处流荡。我们到火宫殿吃红烧猪手,或者在冷天去南门口煮麻辣烫。我看着她吃得心满意足幸福芬芳,我很高兴给她带来这些肤浅的幸福,除了爱情。

我从来没有看见过楼上那个男人,也不问为什么她的男友不接送她。阮岚只是打电话要我接送,她也从来没有提起过她的男友。可这又怎么样呢?也许她只想要一个临时可以依靠的肩膀作慰藉,而我只不过是一个忙里偷闲的男人。我只是想从乔乔父亲不断的逼婚中喘上一口气。

一切都那么明了,各自悲伤的男女,各取所需。

“你是不是爱上了楼上那个狐媚子?”

乔乔一脸不屑地坐在沙发上,美甲刀在她指甲上扬起碎玉。

她侧过头,扬着眉盯着我:“别忘了,你的公司,你在圈子里的那点名气,哪一样不是我父亲给你带来的?为了个那样的女人,你值吗?你就这品位?”乔乔走到我身边,摸着我的脸谄媚地说,眼睛中,却是波涛汹涌。

我很清楚她所说的都是事实,我的公司,我所有的客户都在她父亲控制之下。只要她愿意,她父亲收回所有的订单,不出两个星期我的公司马上倒闭。我知道乔乔爱我,只是受伤的女人不是百般温柔,便是万般恶毒。乔乔是后者,我知道她会跟我厮杀到底,直到最后一兵一卒。

“乔乔,你不要想错了,我跟她清清白白。”

“清清白白,这是什么?”

乔乔扬起手中的照片,照片里的阮岚在我怀里哭泣。乔乔是那种精明的女子,洞若观火。我只是她的爱人,却不是她的敌手,我怎么会想到她会用私家侦探这一招呢?

一招毙命,弹无虚发。这就是乔乔的手段。

我动手打了她一拍巴掌。我知道打女人不应该,可是我男人的尊严已经彻底被眼前这个女人摧毁。她看着我说:“好,算你狠!”然后她开始快速地四处收拾东西。

我知道我不应该打她,我更清楚她也并不想离开我。她这样四处收拾东西,是在拖延时间,她不过是在等我认错。我只要走过去,抱着她说一句“宝贝儿,我错了”,她就会弃城而降,心甘情愿地做我臂弯下的俘虏。

可是我一动不动,甚至没说一句话。我只是坐在那里,点上一支烟,微笑漠然地看着她收拾着并不多的物件。

她绝望地离去。

走到门口,她回过头,对我说了最后一句话:“爱没有错,只是,我爱错了人。”

3

半夜里看碟。烟灰落满了烟缸，银灰白的一片。

《恋上你的床》中，刘青云睡得香甜诱人。我开始渴望有刘青云那样的一张床，可以一觉睡到自然醒。乔乔走后，这张床突然多出一个人的位置，凭空多出空荡荡一块，心也跟着空荡荡起来。就像寂寞，何人填补？失眠似乎更加重了，清醒地躺在床上，向旁边一伸手，抓了一个空。我才意识到，乔乔已经离去。孤单像湖水一样，汩汩涌来。突然，我听到楼上又传来那奇怪的"咚咚"的声音。

我知道阮岚在楼上，也许她正在跟她的男友做爱？我突然想起了乔乔，以及那无数狂野的夜晚。这让我更加烦恼得睡不着。手机突然响了，是阮岚。

"你能上楼来吗？"满是疲惫不堪。

这是她第一次叫我上楼。看看时间，尽管已经是凌晨 2 点，我还是决定上去。

楼上，我第一次见到了她的男友。那个苍白的男人跌落在地，口吐白沫，双手在地上乱捶，发出我熟悉的声音。"帮我按住他。"然后，阮岚熟练地在他静脉上注射针剂。看到我担心的眼神，程岚淡淡地笑开了。

"放心，只是激素。"

帮阮岚把男人安顿好后，她跌落在椅子上。她说："过来陪陪我，好吗？"

她靠着我，一句话也不说，眼角有大颗大颗的泪滴。

她说："这个男人靠我养着。他染上毒瘾后就感染了并发症，只能靠激素治疗。他什么也做不了，生活不能自理。"

她突然扑在我胸前说："带我走，不管去哪里。"

她在我身上紧紧地靠着，睫毛在微微的抖动。我就这样轻轻地抱着她，这个黑夜太长，是不是过了今晚我跟阮岚会迅速老去？也罢，这个女人让我心痛。天亮后，我起身告辞。

阮岚说："过两天，有我的演出，你来不来？"

我轻轻地吻她的额头："我来。"

4

她在 pub 的中央，开始跳伦巴。所有的 pub 里都是跳钢管舞，而她跳的是伦巴。这种高难度的舞蹈如果没有从小严格的训练，没人敢尝试。黑色的舞裙如蝶舞翩翩，周围的人群在她身边欢呼，他们色迷迷地盯着她紧身上衣包裹着的胸部。

她发现了我。她迈动舞步，逐渐向我移来。没有人发现她的企图，我这边的人群开始舞动他们的双臂，尖厉的口哨传出。

她的舞衣扫到了我脸上，像一支充满诱惑的手。在她倾下身体的那一刹那，她在我耳边说："等一会我下班，你陪我。"她的声音那么细小，荡漾着性感的颤抖。我只是看着她，一刻也不敢放松。

在那间橘灯婆娑的宾馆，在黑暗里，我们终于像两尾失水的鱼相吻着。激情像一张抹不平的纸，她微微颤抖起来。我的手慢慢在她身上探索着。从她的颈，沿着陌生的路线开垦。经过她肩上的高原，再经过胸间的峡谷——身体里有东西开始蠢蠢欲动，像是犀利的小兽在啃啮着我的身体。

阮岚说："我要，进来。"我们就这样靠在墙边，我从她身后轻轻贴近，她开始喘气，在我耳边。我摸索着想把灯打开，我要看清她的身体。她阻止了我。

我能理解，黑暗使她感觉到安全。我们一次又一次地，从山峰到谷底，从浪尖风口到深沉寂静的海底，体验彼此的温馨。最后，我们一起倒在床上睡去。

天亮后，她还依旧睡得那么甜。她很久没这么睡过了吧？忍不住亲了亲她，如果她醒着，就算我送给她的；如果她还睡着，就算我欠她一次吧。

她的睡衣轻轻散开着，替她轻轻拉好。我突然看见，她背上紫靛的伤痕犹在，触目惊心。她醒了，淡然地拉上了衣服，目光坦荡。

她幽幽地说："给我一个不恨他的理由。染上并发症后，他根本就失去了男人的能力。他打我，他不行的时候就拿我出气。可我摆脱不了他。我们两家是世交，父亲病亡后母亲根本没能力抚养我，是他家供我念完的大学，也是他家从小培养我学舞蹈。我欠他家的情。"

我亲吻她，眼睛发潮嗓子发紧，"难道就没办法了吗？"

"50万，50万我就能送他去医院彻底治疗，余下的钱足可以还清他家的人情。"

5

我盘掉公司，卖掉车子、房子。卖掉一切我可以卖掉的东西，我凑齐了50万。我打电话给阮岚，说："你来，我等你，在我们第一次的宾馆里。"我永远不会离开阮岚，我要带阮岚离开，去一片海滩，有一张网，有一把椅子，有一只狗。我会陪着阮岚看着夕阳一点一点的落下去。

我把50万悉数给她。阮岚怔怔地望着我，眼里竟然流出大滴大滴的泪。阮岚突然抱着我大声地哭起来，"你真傻，真傻。我不值得，你会后悔的。"我告诉她，如果50万能买到我们的幸福，幸福真的很便宜。

阮岚走了三个月，再有几天，我就能见到她。我要告诉她我想娶她做我的妻子。我在想，陪那个男人在云南的戒毒所里，她会不会思念我？

然而，日子一天一天过去，不见她的踪影。我知道戒毒不是短短三个月就可以的。可我愿意等，不管多长多久。因为长的尽头，便是叫“幸福”的东西。每过去一天，我就离幸福近一天。

直到那天的《潇湘晨报》头版新闻上，登出通缉令。那个诈骗集团里首要分子的照片刊登出来，那张我熟悉的脸旁边，附着那个我不熟悉的名字。

阮岚，原来你甚至连真名都不肯告诉我。我苦笑着，眼里有东西汹涌而出。我突然想起了乔乔临走最后留下的那句话：“爱没有错，只是，我爱错了人。”

原来，高手过招不是三招两式就可以见得分晓的，要大战三百回合之后。我才知道，得不到，已失去。爱抓得越紧，陷之越深。倾尽一生的爱并没有错，只是，所爱非人。私

私情游戏，揭开潘多拉的面纱

古希腊神话里有这样一段话："潘多拉，所有灾难的制造者，她唯一的归宿只能是无际的痛苦的地狱。"一滴悔恨的泪划过脸庞，可是悔恨，就能挽回曾经的一切吗？

1

没有人会相信 27 岁的我至今还没正经地谈过一场恋爱。大家都以为像我这样的人早该是在爱情中身经百战了吧。一个随时保持灿烂微笑，时时闪耀在各种社交场合，拥有迷人性感身段，八面玲珑的外企事务部女助理，看起来又洒脱又见多识广。

我一直认为人们对情爱的刻薄和他们在办公室内的钩心斗角一样，螺蛳壳里布满了密密麻麻的机关。每晚习惯性地拿着遥控器挨台寻找各种情感电视访谈节目，欣赏着饮食男女之间的爱情纷争。

看着电视上喋喋不休的大姐，一把鼻涕一把泪地呼唤去向不明却另有新欢的老公，主持人一边循循劝导，一边又不失时机地煽动着现场气氛；两女一男被众多情感专家围拥而坐，三人讲述着纠缠不清的暧昧恋情……所有的私情背后都有着不可预知的结局。

这一切让我感到无比的真实和激动，甚至有些迷醉，我深信这才是情爱本身。

2007 年 9 月的晚上 11 点，我裹着一身黑走进一家地下舞厅，舞池里的男男女女全都处于疯癫的状态，跟着舞台中心的一个穿着闪亮的化纤两截装的领舞女郎一起摇摆。苏伉睫，听介绍人说，这个领舞女郎的另一身份是职业情妇，能像水蛭一般将任何男人都抓牢手中。她正是我今晚的目的。

我已经不再满足坐在电视机前欣赏着陌生人的情感纠葛，虽然生动但不够刺激，离我太远了。我越来越迫切地想要撕开我的邻居、同事、朋友，甚至亲戚的面纱。

一个人究竟有多少面，今天你隐藏的是哪一面？我急切地想要把周围人的一切隐秘全都挖掘出来，对我来说就像寻幽探宝一样的兴奋，兴奋得浑身都有些颤抖了。

经过几个月的内心挣扎，我终于迈出了第一步，在拨打了无数个墙上、电线杆上的电话号码之后，终于联系上了苏伉睫。见到她的第一眼，我就认定这个妩媚妖冶的女人一定能扮演好自己的角色，让我欣赏到一幕精彩的情感剧。我把首次娱乐的目标锁定在了与我一墙之隔的邻居，一个 40 岁的电子工程师身上。

据说，他和同在电子系统上班的妻子是青梅竹马，在小区是出了名的郎才女貌、恩爱夫妻，孩子也争气，本地重点中学里的尖子生、校花。

平静的湖水会不会被搅浑？我躲在角落暗自偷笑……

2

苏伉睫果然没让我失望，一周后，我接到她的电话，赶紧匆匆来到郊区的一个农家乐，住进了苏伉睫早已为我租下的一个房间里，我知道在隔壁将有好戏上演。

很快，隔壁就发出了响动，激烈的呻吟声透过薄弱的墙壁敲打着我的耳膜，我的心一下就咚咚咚地跳动起来，我激动地拨下一串电话号码，半小时后，一阵歇斯底里地哭喊声像炸锅一样炸响了整个农家乐，紧接着男女间的争吵，扭打，众人的劝解，小孩儿的起哄……搅乱了一切。

接下来的日子，整个小区都充斥着人们的七嘴八舌，大家都在指指点点，议论纷纷。而作为邻居的我更是大义凛然地肩负起了劝导受害者的责任。第三者地下恋情的曝光让这个家庭的昔日恩爱荡然无存，我内心虽感觉有些不安，但每次那妻子向我倾诉时，我都忍不住地刻意去激化她本已失控的情绪。

对自己的指责并没有影响我欣赏一出精彩的感情闹剧，让我更加惊喜的是，在对方的倾诉中我终于挖掘到了我渴望已久的隐私：这对人们眼中的恩爱夫妻竟然是无性夫妻！他们的孩子竟然也是抱养的！

结婚以前妻子就患上了性恐惧，而丈夫为了得到局长岳父的提拔，还是毫不犹豫地结了婚。可到手的权力并不能冲淡性欲的撕啮。

早在三年前，丈夫就背叛过妻子，并且不止一次，每次妻子都选择了沉默，可这次，心身都已疲惫的妻子无法再容忍下去了！

那一刻，我感到无比的满足，就像是自己经历了一次跌宕起伏的爱情悲剧，整天都处于一种亢奋状态。不知道谁说过这样一句话："大脑才是人真正的性器官。"我承认，在这出闹剧里，我每晚都能伴着隐约的高潮入睡。

有了开始，就不会轻易结束……

3

我周围曾经聚集了多少光明磊落的人啊。可是现在，我见证了一个又一个的欺骗、掠夺和贪婪，痛不欲生的伤悲和心碎，无数的背叛抛弃和诽谤……在这一幕幕的隐私游戏中，我享受着窥秘带给自己的快感，每次成功撕下别人伪装的面纱后，我都躲在暗处，露出胜利的神色，像极了开启魔盒的潘多拉女神。我不否认我是个靠别人隐私活着的女人。

2008 年 1 月 23 日，我永远无法忘记的日子，月光如水静谧。这天晚上我躲在一辆黑色的奔驰车上，用红外线的望远镜窥视对面的一个阳台。自从苏伉睫接受我的委托将魅惑施展到我的同事小兰的老公身上时，已经过去一个月了，还没有一点的动静，唯一值得怀疑地迹象就是小兰再也没有参加我们这帮朋友圈的任何聚会了。

但，这不是我希望的结果，猎物落入陷阱应该焦躁、发狂、歇斯底里……可每次上班时，依然能看见小兰春风拂人般的微笑。这里面一定隐藏着什么，我决定亲自找出答案。很快，我就知道了小兰的另一个栖身之所，我早早来到那里，静静地等候想要结果。

我调整好了镜头，耐心地等待挖掘宝藏的那一刻。当我觉得自己快要支撑不下去的时候，我看到一个熟悉的女人的影子出现在了阳台上。过了一会儿，一个男人也出现了，这个男人不是小兰的老公！

我为找到小兰依然微笑的秘密而感到兴奋，一阵眩晕泛起，我赶紧稳住心神，贪婪地舔了舔嘴唇。两个人很快拥吻在了一起，很亲热，很甜蜜。我飞快地按下快门。那一刻，我觉得自己比那对狗男女还要幸福，因为当照片公开到网络上时，又一个伪装的面纱将被无情的撕下！

晚上，回到家，我把自己关在房间里，在电脑上一遍又一遍地看着自己拍到的镜头。心里一阵一阵的狂乱与愉悦。忽然，我在镜头上一个角落里看到一个熟悉的手表。如果没记错的话，那手表和我前段时间送给父亲的生日礼物一模一样！

我呆住了，赶紧把镜头一点点的放大。这时，我看见了一张熟悉的稳健的脸，以及胸口前那个同样熟悉的黑痣！我的手颤抖着，不敢相信眼前看到的一切，我觉得有点冷，一股不知道从哪儿冒出来的寒气走遍全身。

这一夜，我失眠了……

第二天，我心急火燎地赶到父母家，一进门就看见母亲坐在沙发上看电视。“爸爸去哪里了？怎么没见人？”我问母亲。母亲递上一个苹果：“他呀，去海南做什么学术考察，今天回来。”正说着，就听见有拿钥匙开门进屋的声音，我赶紧转过身，父亲就站在我的身后，脸色潮红，目光闪烁。

“呵，回来得这么早，我还以为你要下午才能到家列。女儿也来了，难得一家人团聚，你们爷儿俩先聊着，我去做饭。”母亲说着，很自然地走进了厨房，娴熟地打开燃气灶，开始忙碌起来。

一切似乎很平静，可面对父亲，我又能说什么呢？

4

我找到苏伉睫要她立即离开小兰的老公，并交给她一个厚厚的信封。5万，她应该满足了。我心想。可让我惊讶的是苏伉睫竟然告诉我她爱上了对方！简直太荒谬了，一个职业情妇，一个情感闹剧中的道具，怎么可能会对其他男人动真情?!

“你只是一个卑鄙的演员，玩够了，就该放手！”我发疯般地对她吼道。

苏伉睫看着我轻蔑地笑了笑，“玩弄别人的不是我，而是你这个变态的幕后导演。你用最见不得人的手段，玩弄所谓的隐私游戏。这次我是真心爱上了那个男人，如果你敢破坏我们，我就把你那些见不得人的行为通通公开，撕下你伪装的面纱！”

一路跌跌撞撞的回到住所，苏伉睫那轻蔑的笑容时不时地浮现眼前，我知道自己是毫无办法，本以为可以让小兰的老公回到妻子身边，让小兰离开我的父亲，让一切都像没发生过那样……可一切都太晚了。

深夜，我再次来到了小兰的秘密栖身之所，躲在暗处，用红外线望远镜窥视着对面阳台，既然不能让苏伉睫退出游戏，那么就让我来终止它。当我看到一个熟悉的男人把小兰搂在怀里，有力的双手顺着她的双肩滑下，停在了她的腰背部。当他们拥抱得越来越紧时，我突然感到浑身无力，放下望远镜，捂着嘴，眼泪刷的一下流了出来……

我一无所获地回到了小区，我实在不敢想象之后会发生什么事情，也许我曾经温馨完整的家就此烟消云散。要是我不知道这一切该有多好，第一次，我对自己导演的“隐私游戏”感到了深深的悔恨！

刚走到房门前，就看见邻居那以前的幸福妻子哭倒在了地上。她一看见我，就死命地抱住了我，脸色苍白得吓人：“苏伉睫，她毁了我的家！我要报仇，我要杀了她……”

自从电子工程师闹出了第三者绯闻，无性婚姻、抱养的女儿等秘密通通曝光以后，这个甜蜜的家庭就不复存在了。苏伉睫全身而退，离开电子工程师的那天，他们的乖巧、懂事的女儿服毒自杀、电子工程师也离家出走，至今没有一丝音讯，这个命运多舛的女人从此每天都陷入一种疯狂的歇斯底里的痛苦状态，看到人就喊着要报复……

我简直无地自容，我知道，真正应该接受惩罚的是我，而不是苏伉睫。

不知道为什么，我开始睡不着觉，就算勉强睡着了也被噩梦所折磨着，我总是想着父亲和母亲离了婚，母亲发疯了，我的家彻底毁了……更经常的是梦到那些被我拆散婚姻、家庭，被我残忍地撕下面具的人们，他们不停地向我哭诉，发誓要对我和我的家人进行报复……

十多天过去了，有天我翻看报纸，一条标题闯入我的眼睛：《职业情妇被人毁容，险被仇杀》。犯罪嫌疑人是一名 40 多岁的男性电子工程师。我忽然难以呼吸，感到一阵锥心的痛……

5

第二天，我辞职了，也卖掉了房子，我只想远远地逃离这个城市，我明白自己的懦弱。临走的时候，我极其坚决地删掉了电脑里那些让我无法面对的照片，虽然我知道，这并不意味着可以删掉一切。

我不希望任何人知道这个秘密，这是我的秘密，也是我们家的秘密，我要用一辈子去保守这个秘密。“隐私游戏”该停止了……

古希腊神话里有这样一段话：“潘多拉，所有灾难的制造者，她唯一的归宿只能是无际的痛苦的地狱。”一滴悔恨的泪划过脸庞，可是悔恨，就能挽回曾经的一切吗？

一个鸟类学家的第二职业

为什么，一场不诚实的爱恋，寂寞的出轨，却让玲珑此刻的心，疼痛不止？

1

玲珑扫一眼报纸头条，低头叹气，推了推鼻梁上的大墨镜，快步向医院走去。报上印有一张惨白的照片，年轻男子身上插了各种各样的管子，双眼紧闭，右边是骇人的标题——《鸟类学家齐鲁偷情未遂，负心男子遇车祸受重伤》。记者还煞有介事地拍下了“齐鲁情人”的背影照，玲珑抿嘴笑了笑，背影照中的黑风衣，她今早已经捐到教堂了，就算现在明目张胆去医院，也没人知道她是照片中的女人。

勇气到了医院楼下却泄掉，玲珑倚在花园树下抽烟，青色的烟雾弥漫在她脸周围，镀上一层淡淡的忧伤，她很有耐心地吐着烟雾，直到一群人拥着一个哭泣的女人出来，记者的闪光灯不断工作，问题像机关枪一样淹没了可怜的女人。“齐太太，请问你知道你先生有外遇吗？”“齐太太，有人说你先生有可能发现珍稀水鸟，获得重奖，这次撞车是不是他对手所为？”玲珑冷冷地看着这一切，那个备受折磨的女人终于崩溃了，她狠狠地抢过相机摔到地上，“我什么都不知道！你们不去问那个狐狸精，来纠缠我做什么？”

齐太太离开后，玲珑面无表情地穿过喧嚣的记者，乘电梯来到深切治疗部。昨天，齐鲁刚和她在咖啡厅分手，出门就撞上了一辆货柜车。他匆匆赶来见她，抱着她时，体温很热，心跳很快。玲珑有点后悔，如果她昨天死命拉住齐鲁，不让他离开，也许今天他不会躺在这里吧？

玲珑摘下墨镜，细细的泪线洇过脸庞，手指抠在光滑的玻璃上，微微叹了一口气。背后忽然传来温和的男声——“请问，你是许玲珑小姐吗？”

玲珑转过脸，是一张酷似韩国明星张东健的脸，轮廓分明，帅气忧郁。玲珑有点吃惊地张开嘴:“你认识我?”男人的嘴角漾出一个浅浅的微笑,“以前只是在文件上认识你的,许小姐,我是大地保险公司职员华夏。齐鲁先生以前买了一份高额保险,受益人是你。我刚和齐先生的主治大夫谈过,他说齐先生很可能就此成为植物人,按照保险条例,如果一年后齐先生仍旧昏迷,你将得到 100 万的赔偿。”

“100 万? 齐鲁的保险单?”玲珑皱着眉头问,“你没弄错吧?”华夏把身子凑过来一点,他身上有一种好闻的男人味,像散发淡淡危险的酒精,让人又怕又爱,他蓬松的额发拂到玲珑的鼻翼,“许小姐,因为你是齐鲁先生的情人,他不能把你们的关系公之于众,所以知道这份保单的人,少之又少。”

玲珑掩住面孔,片刻后,她带着哭腔道:“我只希望齐鲁好好醒过来,其他什么都不想要!”

2

玲珑只能等到晚上护士查完房才能潜到病房看齐鲁。她用围巾遮住半张脸孔,轻手轻脚地进去,坐在床侧,柔声唤他:“齐鲁,齐鲁。”玲珑的泪落了下来,仿佛置身于无比悲伤的自我世界,就连门外人影一闪而过也没在意。她的眼泪越流越多,汹涌奔流,索性扑到齐鲁身上,隔着白床单抚摸他毫无知觉的身体。

那身体仍旧柔软温热,玲珑抽噎着,手指探进床单,她脸上浮现出一种病态的红晕,无法阻止自己疯狂而噬骨的欲望,她解开了齐鲁睡衣扣子,把滚烫的脸颊贴了上去,反复摩擦。久违的肌肤相亲,让玲珑的喘息变得急促,脸上的红晕也越来越深,她雪白的贝齿轻轻咬着下唇,“齐鲁,齐鲁。”右手已经握住了齐鲁软绵绵的掌,把他的手送进了自己的衬衣。那只毫无生机的手,此刻就覆在玲珑小巧的乳上,她一边哭着,一边让齐鲁抚摸自己，揉搓自己，燃烧自己，甚至不惜，毁灭自己。但齐鲁却听不见她的啜泣，也看不到她的妩媚，只会一味沉睡。

“你要干什么？”玲珑一惊，趁着戴瓦片帽的护士捉住她之前，像只受惊的猫，慌忙拉开门从楼梯逃跑。楼梯口，衣冠不整的玲珑狠狠撞上一个男人，嘤咛一声，脚下的高跟鞋鞋跟断成两截，玲珑捂着脚踝疼得倒吸冷气跪在地上。男人一声不吭，背着玲珑噔噔跑下楼梯，一直跑到车上，玲珑才问：“华夏，你来这里干什么？”

华夏把玲珑放在副座，自己点燃一支烟深吸一口，“我来找你的，玲珑，你太寂寞了。”玲珑的脸刷地红了，她知道，刚才自己在齐鲁病房的事，被华夏看得一清二楚。她没有说话，心跳得厉害，小鼓似的咚咚响。华夏伸过臂来，揽住了玲珑细腰，眼里盛着水样的深情，“我第一次见你，就好像认识你很久了。”

玲珑低下羞红的面孔，小声说：“你和每个女人套瓷都用这招吗？”华夏胆子大了一点，凑过去在玲珑脸上轻轻印下一记，“你的身体到底有多久不曾真正燃烧了呢？”玲珑猛然抬起泪眼，她软弱地说：“不！齐鲁……”但她的唇，很快被一个悠长而深情的吻缄住，不能再自由反驳。玲珑细白的牙齿被他的舌头强蛮敲开，她愣了一下，很快，那种火样的激情奔涌到玲珑的每根毛细血管，她闭上眼睛，陷入纠缠的沦陷。

3

玲珑从车上醒来，她低头看看身上的衣衫，已经被华夏细心地穿好，车厢里回荡着昨夜激情疯狂的荷尔蒙味道，不见那个笑起来眉眼有几分忧郁的男人。玲珑直起身子，在后视镜中梳理头发，便看到华夏手里托着什么东西，笑吟吟地走了过来。是“永和豆浆”和枣糕。玲珑有点感动地接过，咬了一口，惬意地眯细眼睛抚摸华夏的手指,“你怎么知道我爱吃呢?”华夏不以为然地笑道:“对喜欢的女人,我一直有着浓厚的研究兴趣。这几天,每早你吃过这两样东西,去医院花园徘徊,等到齐鲁妻子离开才上楼看看他,看到你这么痴心,我很想好好保护你。”

玲珑的脸色变了,她蜷起膝盖,把脸藏进去,“可我却背叛了齐鲁！华夏,我们不该这样的,对不起。”玲珑一只手已经拉住车把手了,华夏却抓住她,逼她抬起一张泪水涟涟的面孔,“该我说对不起才对,我不该爱上自己的客户。”

玲珑哇地一声,大哭着扑进华夏怀里,“我太累了,华夏!”华夏抚拍她后背,耐心地等待玲珑平静下来。

尼桑无声地开到玲珑楼下,她还没从羞耻与情欲交织的混乱情感中完全清醒过来。华夏摸摸她的脸,努力开玩笑缓和气氛,“不请我上去喝杯咖啡吗?”玲珑轻轻摇头,“下次吧。”

走进家门,玲珑把自己放进装满热水的浴缸,拼命搓洗自己青白的肌肤,忍不住号啕大哭。门铃响了好久,她还伏在水里痛哭。门外的人却很执拗,一直催促她开门,玲珑只好胡乱套上浴袍。玲珑湿漉漉的头发散在脑后,皮肤在热水刺激下微微发红,因为流泪的缘故,眼皮呈淡淡桃花颜色,此刻的玲珑,比平日更加柔弱妩媚。门外的男子华夏,眼睛里使出带钩的绊子,目光好像火焰,所到之处,玲珑衣裳尽剥,露出荔枝肉一般的肌肤。她有点慌乱,“你!”华夏已经踏进一只脚来,“不欢迎我吗？玲珑。”

玲珑想表明自己立场,不欢迎他,这样堂而皇之地登堂入室,勇到无耻地步。但她的身体却妥协了。华夏只不过拥了她的腰,手上暗暗用了力道,她嘴里咕哝的拒绝便成了香艳的邀请,“是的,我煮的咖啡很香,也许你真的想要一杯……”

4

玲珑觉得自己很坏,自从和华夏有了身体纠缠后,她不再去医院看望齐鲁。华夏比齐鲁更加年轻,他没有情感负累,只要一个电话,随时可以飞到玲珑身边。

华夏是那么迷恋玲珑,在他锲而不舍的要求下,他们很快同居了。他是个细心的男人,玲珑洗了头发,懂得立刻拿起吹风筒;玲珑生理期肚子痛,厨房里会漫起当归乌骨鸡的浓香;玲珑怕冷,每晚手脚冰凉,他会握着玲珑双脚贴在自己肚子上,用身体当她的暖炉。距离齐鲁出事已经三个月了,玲珑渐渐走出了他的阴影,以前苍白的蝴蝶骨现在稍微丰满了一点,脸上也有了少女淡淡红晕颜色。心情舒畅的玲珑,甚至懂得了开玩笑,“华夏,你和我在一起,该不是图谋那100万吧?”

说完后,玲珑无心无肺地嘿嘿笑。华夏抱紧她,用了很大力气,下巴抵在玲珑头上低低道:“你以为我是贪图你的钱吗?我只希望能替代你心中齐鲁的位置,真正开心起来!”玲珑敛了笑容,勾头叹气,“说起来,我已经很久没去医院了,今天想去看看齐鲁。”华夏点点头,仍旧耍赖似的不肯放开胳膊,“看望他可以,但不许像上次那样,对一个植物人动心动身啊。”玲珑脸一红,知道那晚华夏跟踪自己,将一切尽收眼底,她心情复杂地“哦”了一声。

华夏送玲珑下楼,她叫了一辆的士,车子拐弯后,华夏迅速离开阳台,急迫地翻找玲珑抽屉箱柜。玲珑是个电影发烧友,她的架子和箱子里起码收藏有几千部影碟,还有很多自拍的DV短片。华夏匆忙审视碟片标签,被他归类为无用的碟片很快堆成一座小山,忽然“哗啦”一声,小山倒塌,华夏慌乱地跳起来,回头却看见门口端端站着一个女人,她不知回来了多久,又看了华夏多久。

“玲珑，你……回来了？”华夏跑过去接了玲珑手袋，又帮她脱下大衣，急于解释，“我在家无聊，想要找部电影看看，你就回来了。”玲珑没说话，眼神冰冷地看着华夏，他终于软弱下去，眼神避开玲珑，负气承认，“是，我想找找看，有没有你和齐鲁亲热时自拍的短片！我嫉妒他，我对你再好，你都是心不在焉！”

玲珑抬起头，慢慢讲出一句话：“齐鲁昨天已经醒了，被他太太接走的。”

5

感情就是这样，一旦有了裂痕，不管如何剜心剖肝地付出，也不见得会破镜重圆。齐鲁醒来，玲珑又回到从前的情人角色，她不动声色地帮华夏装好行李，连拖鞋和牙刷都放了进去，用意再明显不过：他只是她寂寞时的替代，不是她认定的恋人。现在齐鲁没事，他还有什么强留的资格呢？

华夏弯腰提箱时，心里竟然涌起浓浓的舍不得，他扔下皮箱，愤愤踢了一脚，冲着无动于衷的玲珑怒吼：“我是爱你的！”玲珑连眼泪都吝啬了，她摇摇头说：“你不爱我。大地保险公司没有你的名字，你到底是谁？”

华夏愣住了，片刻，他眼里涌出浓浓的杀机。华夏向玲珑步步逼近时，她藏在后背的右手，捏紧水果刀的手指微微颤抖。但他在离玲珑半米远处摔倒了，被一个胖大警察踩在脚下，他还不服气地叫喊：“你们有没有搞错？”

玲珑蹲下来，低头看华夏英俊的脸，她的眼泪那么冷，砸在华夏脖子里，像雪山初融。“没有人搞错，你找的东西不在家里，我刚刚交给警察了。本来，我想让你走的，永远不要再回来。但你却一错再错。”

华夏颓唐地垂下头，玲珑散发着幽香的身体，像他的蛊，近在眼前，却永不可再得。他想再吻一下玲珑冰凉的唇，但她厌恶地避过脸去，对几个警察说："谢谢你们，带他走吧。"

华夏挥舞戴着铁铐的双手，哈哈大笑。

6

一周后，警察给玲珑打电话，告诉她，华夏在狱里自杀了。他用了很极端的方式，一枚易拉罐的拉环，薄薄的铁片反复拉进左腕血肉，割断了静脉和筋骨。警察说，这一周审讯，犯人一直都很配合啊，为我们提供了许多有益线索。按说他表现良好，将来在法庭审判也能获得最大限度的减刑，但他还是选择了死路，真是可惜！

警察叫玲珑来，只是交给她一个信封，那是华夏自杀前悄悄留下的，封皮上歪歪斜斜写着"许玲珑"，拆开，一只圆环跳出来，在地上弹了几下才安静。警察帮玲珑捡起小小的指环，咯咯笑了，"想不到犯人还挺多情！"

信里没有新内容，都是审讯中华夏坦白交代过的：他只是一个"大人物"的助手，在陪同"大人物"和某黑道大哥的洗钱交易中，不小心被观察水鸟的鸟类学家齐鲁拍摄全过程，于是，他们决定像除掉从前的绊脚石那样，除掉齐鲁。齐鲁离开湖边后与一个女人见面，拥抱亲吻了两分钟，看上去很暧昧。他们不知道齐鲁是否将证据交给他的情人，随后他离开咖啡厅，被安排好的货柜车撞倒，成为植物人。华夏便奉命接近玲珑，想要套出证据下落。

这就是华夏心中所藏的秘密，他的眉眼总凝结忧郁，他的神情写满殷勤，因为他要用情感征服一颗寂寞女人的心，走入她的世界，偷取秘密。但他并不适合做间谍工作，所以甘愿最后死在她手上——是的，他不是死在自己手上，那罐可乐，是玲珑通过警察带给他的，这是多么巧妙又绝情的暗示，只有最聪明的情人才能领悟。玲珑是电影发烧友，黄秋生的《人肉叉烧包》，她是依偎在他怀里看的，最后的镜头，是黄秋生用拉环切得血肉模糊的手腕。

玲珑把指环套进无名指，边缘似乎是锋利的刃，一下子就把玲珑的心割得支离破碎。她欠了华夏一个解释。是的，她一直都知道华夏在骗她。因为齐鲁除了是鸟类专家外，还有一重身份是私家侦探，半年前，玲珑男友离奇猝死，她匆匆回国调查这个优秀的商业罪案调查科探员死因，找到了热衷于地下侦探的齐鲁。从始至终，齐鲁都不是她情人，又怎么会在高额保险上写她名字呢？当日意识到自己被跟踪，齐鲁只好和玲珑伪装成情侣，告诉她，他拍下了“大人物”的犯罪证据，放在了一个安全地方。还没来得及告诉玲珑证据放在哪，齐鲁就出了车祸。这时华夏找到玲珑，玲珑知道自己无法逃躲，干脆以错就错，甚至在华夏的眼皮底下自慰，宣泄自己的寂寞孤苦。她用自己的身体作饵，保住了安全，得以继续调查。终于，齐鲁醒来，证据浮出水面。

为什么，一场不诚实的爱恋，寂寞的出轨，却让玲珑此刻的心，疼痛不止？她握住戒指，在心里说：“谢谢你，爱过我。”原来和华夏在一起的日子，她有过阳光般的快乐和踏实，也曾忘却他是她的仇敌，躺在他臂弯就静心安睡。那些伪装透明的光阴，却成为此刻最想拥有的单纯，不复重来。私

留学情人的“锦绣前程”

上海的秋天很美。不管是在人流如织的新天地，还是在寂静幽深的里弄，都有着同样的气味。我走在日光云影里，身穿一套洁白的运动衫裤，怀中抱着一本雷蒙德·卡佛的小说集。在路人眼里，我是如此安详、美丽，没有谁能够从我白莲般娴静的外表下，看到我曾经的悲。

1

十年前的春天，我还是个憧憬未来的大四女生，面临毕业，为找一份像样的工作发愁。其实，按我的成绩完全可以选择留校，或者进外资企业上班，可是年少的心比天还高，我总觉得，那点微薄的薪水离我的理想太遥远。

那天，我正坐在街心公园发呆，身后忽然有人叫我的名字，我回过头来，就看到了林艳。林艳是我的小学同学，高中毕业就去了美国，攻读工商管理专业，后来以“海龟”的身份回到上海，立马身价大涨，成了一家企业的总经理助理，年薪几十万。这次，她是回小县城来看望父母的。

林艳穿名牌时装，提 LV 手袋，开奥迪轿车，举手投足之间都显示出一种优越感，让我觉得自己像个灰姑娘。与林艳的重逢，深深刺激了我，凭什么她就锦衣玉食？她上学时成绩并不怎么样，只不过她有个好老爸，有钱供她出国读书。那时，我突然冒出个想法：去国外留学。那几年“海龟”很吃香，哪怕本来是一块砖头，到国外混两年，回来就成了抢手的金块。

我把想法跟父母一说，父母都支持，可是一打听，各项费用加起来就要四五十万，还不包括吃住等日常开销！父母面露难色，他们都是下岗工人，在集贸市场摆水果摊，到哪儿找四五十万？

现在想来，我那时太幼稚，太虚荣，一门心思都想着出国留学，然后衣锦还乡，跻身上层社会，根本没有替父母考虑过。我为自己编织着美好的未来，梦见丑小鸭变成了白天鹅，灰姑娘穿上了水晶鞋……

为了实现愿望，我跟父母打起了冷战，终于，在我三天不吃不喝之后，急红了眼睛的父亲答应了我的要求。父亲卖掉了平凉路的一套房子，一家人搬进了不到20平方米的出租房，因为急用钱，60平方米的房子才卖了不到40万元，加上多年辛苦积攒下的10多万元，凑够了送我出国的费用。

我临走的头天晚上，母亲做了一大桌我爱吃的菜。父亲叮嘱我："囡囡啊，你到了美国要好好干啊，我和你妈就差没卖血了！"父亲话声未落，眼泪就涌出来，惹来母亲的一顿责骂。我却没心没肺地大吃大喝，心想父亲真是小气，你把钱花在女儿身上心疼什么，到老了不是还要靠我养老的吗？

飞机飞上云端，我望着脚下的城市，想，等我再回来时，我一定要让所有人用羡慕的眼光看我……

2

我去的是爱荷华，先读一年语言学校，再考爱荷华大学的医学专科。这是一座安静美丽的小城，草地上随处可见蹦跳的松鼠和奔跑的野兔，野猫在树林里唱着情歌，爱荷华河里有成群的野鸭结伴游行。这一切都让初来乍到的我感到惊讶，以为闯入了一个世外桃源。

然而，不久之后，我就感受到了压力，这种压力主要是来自经济方面——在那里，生活费出奇地贵，我根本没有多余的闲钱去交朋友，难以融入他们的生活。我像一只离群的大雁，每天过着学校、出租屋两点一线的生活。不到半年，我带去的那点钱就所剩无几，连吃饭都成了问题，而那时家里已经不可能再给我寄钱了。

在去美国之前，我想得过于天真。我以为可以去打工挣钱，真正到了爱荷华，才发现找工作不容易，连刷盘子的活都很难找到，即使有，工资也很低，根本不够付房租。我前所未有的恐慌，加上营养不良，一下子病倒了。这时，房东又来敲门催交房租，我苦苦哀求，他才答应宽限几天。我必须在一周内凑够房租，否则就要去睡街心公园。

世外桃源般的爱荷华，顿时变成了人间炼狱。我找遍了老师、同学，没有一个人愿意借钱给我。美国是一个功利社会，谁也不愿意给一个萍水相逢的人经济资助，因为怕你还不起。我求告无门，欲哭无泪。我甚至想过去找当地大使馆，要求遣送回国，可是，一旦走到那一步，就意味着我的留学生涯宣告结束，我将从此与我的梦想彻底了断。我不愿，我不甘！

最后的期限终于到了，房东安德列不顾我的苦苦哀求，把我的行李扔到了门外。我坐在门口，哭得昏天黑地。安德列似乎有些不忍，又把我叫进屋去，说："原谅我，亲爱的苏，我不是慈善家。如果你真的无处可去，我可以答应你留下，不过，我有个条件。"

我喜出望外。那一刻，就算安德列让我舔他的脚趾头，我都不会拒绝。可是，我没想到他提出的竟然是一个更为无耻的条件！他说，只要我答应和他发生关系，就可以再免收我一个月的房租。

"妈的！你以为我是妓女吗?！你给我滚！"我愤怒至极，从来不说脏话的我破口大骂。

"不是我滚，是你。"安德列并不恼怒，微笑着指向房门。

我骄傲地拖起行李，昂首出门。可是，推开门的那一瞬间，望着窗外深沉的夜色，听着从林里野猫和狐狸的叫声，我顿时团慌乱，像一只被针刺破的气球，瘫软下来。

那一晚，我最终接受了安德列的无耻条件。我用我的初夜，换来的仅仅是在那间狭小的房间内一个月的居留权。

3

粗暴的安德列整整折腾了我一个晚上，天亮时才带着满足的微笑离开。我冲进洗手间，拼命地搓洗，一边大声哭泣。哭完了，我冷静下来，忽然想到一句话："命运就像强奸，你反抗不了，就要学会享受。"事已至此，我还能怎样？埋怨上帝吗？

我选择接受命运的安排。白天，走在校园里，我仍然是高贵、冷漠的东方美女苏，只有在夜晚，我才会蒙着被子小声抽泣。

转眼过去了一个月，安德列又来了。事后，望着死猪一样昏睡的安德列，我的脑子里忽然冒出一个想法：既然一只脚已经掉进了河里，就算再湿一条腿，又能怎样呢？我不能便宜了这头猪！

次日清早，安德列再次向我求欢，我淡然拒绝了他。我说："Sorry，本次交易结束。如果你想继续，我倒是有个建议。"

那一天，我像个世故、老练的妓女，和安德列完成了又一场交易——经过讨价还价，我们达成了一个同居协议，安德列为我免费提供住房，并且每月付我生活费 2 000 美元，而我则随时向他提供性服务。一年之后，协议终止，他再一次性付给我 5 万美金。同居期间，双方不得干涉对方的正常生活。

从那天起，我把自己给卖了。我打心底唾弃自己，但是，我必须试着原谅自己。上帝不会救我，能救我的只有我自己，我必须出卖自己的灵魂和肉体，才能换取一个锦绣前程。

就那样，我不仅没有了衣食之忧，每月还能寄点钱回家帮母亲还债。一年后，我进入爱荷华大学生物医学专业，与安德列的协议也到期了。拿到 5 万美金，我立即终止了协议，尽管他一再请求续约，我还是断然拒绝了。

我已经出卖了自己的灵魂，但我不打算从此沦落。有这 5

万美金，足够支撑我读完学位回国了。

然而，命运无情常，世事难料。就在我以为从此可以摆脱阴影时，偏偏家里又出事了！父亲借钱和人合伙从南方往北方贩水果，结果被人骗了，血本无归。父亲一怒之下掂了把西瓜刀把那人砍成了重伤，结果被判了8年刑，还要赔钱替人治病。这无异于一枚重磅炸弹，把这个家炸得支离破碎。

我把5万美金寄回家，还不够还债。几乎是在一夜之间，我又从天堂门边跌落到地狱边缘。

4

人一旦走歪一步，就会走得更远，这就像本来穿了一双干净鞋子，走路小心翼翼，不小心溅上了泥水，就不在乎了，索性蹚着泥水走。我开始暗自盘算，怎么才能找一个阔绰的买家，把自己"卖"个好价钱。

我相貌出众，身材也不差，在外人眼里，是典型的东方美女，身边从来不乏追求者。在这些追求者中，我选择了李查理，他是美籍华裔，当地赫赫有名的银行家。我们是在一次慈善活动上认识的，他为我的美貌倾倒，曾多次向我示爱。所以，当我走投无路的时候，第一个想到的就是他。

在一个明媚的秋日傍晚，我精心制造了一次"邂逅"。在街头并行了十步之后，查理向我发出了"一起吃晚餐"的邀请，我"犹豫"了一下，点点头。

那天晚上，我们在烛光音乐中结束了一场"浪漫"的晚餐，饭后查理送我回家，临上楼时，我装作不经意地问他："要上来喝杯茶吗？"查理大喜过望，他当然明白，不管是在东方文化还是西方文化里，这绝对都是一种明白无误的性邀请。

我轻易俘虏了查理。直到半个月后，在一场欢爱之后，我们拥抱在一起闲聊，我才装作刚刚得知他已有妻室，泪流满面地指责他是骗子，坚决要和他分手。查理一再向我解释，并且承诺，只要我愿意做他的情人，一定会给我尽可能的补偿。

这正是我想要的。但是，我没有立即“原谅”他。经过长达两周的折磨，查理几乎崩溃了，为了表白心迹，他为我购买了一套豪华公寓，送了我一辆雪佛兰，还一次性给了我一张30万美元的支票。在查理的攻势下，我终于被他的深情“打动”，答应做他的情人。

当然，有着美国思维的查理也没有忘记和我签订一份协议。

查理和安德列完全不同。如果说安德列是一场来势迅猛、令人猝不及防的暴风雨，查理就是一场在三月烟花江南的夜晚无声飘下的和风细雨。查理温柔体贴，善解人意，而且很有修养，我一度沉醉在他的温柔当中，以为我已经爱上了他。但是，每当我透过车窗远远地看到他携妻带子走在公园的草坪上，我都会从梦中惊醒，警告自己，我们之间不过是在进行一场赤裸裸的交易。

5

三年后，我在爱荷华的学业完成了，我和查理的同居协议也到期了。查理提出续约，我拒绝了。他一改平日的斯文，威胁我说，只要我离开他，就让我身败名裂。但是我以我的坚定让他明白：虽然没有女人会拒绝钻石、香水、豪宅，可是还有一种女人，除了物质，她还需要荣誉，一种可以用来展示骄傲的东西。

我，选择了“荣归故里”。

在一个雨夜，我悄悄离开爱荷华，把丛林里野猫和狐狸的叫声，连同那段不堪的岁月，都抛在了身后。查理送我的房子、车、首饰，连同所有他买给我的衣物，都留在了那间豪华公寓里，我只带走了一张存有上百万美元的银行卡，那是我应得的，这世界上，最肮脏的是美元，最干净的，恐怕也只有美元了。

回到国内，我做的第一件事就是在上海买了一套可以看到黄浦江风景的大房子，然后开着一辆奔驰车回到苏北那座小县城，在街坊邻居、亲戚朋友羡慕的眼光里，把我的母亲接到了上海。我又动用可能的手段，使我的父亲得到了减刑，提前出狱。我也顺利进入一家大医院，成为一名收入不菲、令人尊敬的医生。不久之后，我就开始了一段新的感情。他也是个“海龟”，医学博士，和我是同事，相貌平平，却温柔细心。最重要的是，他从不问我的过去。我们之间谈不上相爱，却彼此依赖、互相温暖。

然而，一件无法预料的事情发生了。就在我们婚后不久，一天早上，当我和他一起走进医院，看到所有医护人员都用奇怪的眼光看着我。直到院长将我叫进他的办公室，我才明白发生了什么：每个科室都收到了一份快递，里面是一张“同居协议”复印件，上面有我的签名，还有一摞厚厚的照片，每张照片上的我都是一丝不挂……在我身后的窗外，是爱荷华的四季风景……

那一刻，我彻底崩溃。我从未想到，绅士查理会给我下这一记猛药。

我只能选择离开，带着耻辱的烙印，躲进黄浦江边宽大的房子，看着滔滔的江水，独自舔着伤口。我终于明白，上帝之眼无所不在，他永远都不会忘记一个曾经出卖过灵魂的人，不会给她自赎的机会，像一块污坑里捞出的白玉，在水洗后仍然能够焕发纯洁的光彩。私

桃花瓣一样飘零的爱情

开车的人，怎么可能想得到会有一个新娘拉着一个新郎跑到公路中央去。或者因为太过惊讶的关系，或者因为别的什么原因，总之那个惊讶的司机连车都没有刹，就看到那对白色的男女已经倒在路面上，鲜血迅速地染红白纱，触目惊心。

1

我是在接到被调到省会郑州下属的一个县城的通知后才下定决心和杨光杰离婚的。

在离婚协议书上签名时，我对一脸怜悯的杨光杰说："不用担心我，我会是一个老而弥坚的女人。"

被调职到基层做个小领导，又离了婚。三十有三的年景了，又落到独身一人的份上，不老而弥坚还能如何？

最恨便是他这一副明明背叛了我抛弃了我伤害了我，却仍悲悯天人般的破表情，当初和单位那个新来的才 23 岁的 80 后小妞搭上时，他可曾想过我的处境？公然和那"小三"出双入对去旅游时，可曾想过我被背叛的剜心之痛？

我恨得银牙咬断，所以才断不能在他面前输掉这最后一口气。

我一定要撑着。上班，逛街，购物，去做美容，每次回杨家看女儿，非在镜子面前折腾三四个小时才去，女儿说："妈妈你不像妈妈了，像妖精一样漂亮。"

不知是要欣喜，还是悲哀到底。只知道一定要撑着，他只记新人笑，我也不能让人看到我这个旧人哭。

老而弥坚的离婚女人就是这么可悲。

离婚后，年老父母的念叨渐渐变成无奈的叹息。我不肯依他们的意思去相亲。我不想再遇见一个像杨光杰那样的男人，完全不记得我在家里对他"倒了油瓶不扶"的懒性的视若无睹，好吃好喝地侍候着他的好，也完全忘记我跟他租民房省吃俭用，住了七年才等得他事业发达有房有车所吃过的苦。连同我离婚的理由都那么伤人，"你老了，男人都喜欢年轻美貌的女人。你就放过我好不好？"

我如何能不恨。我每每想起此间种种，恨得一双眼睛，都能看出每一个男人皮肉骨头里包裹着的祸心。

再说，若再嫁是那么容易的事，世上便不会有那么多蹉跎的男女。

我就是在这一关口遇上沈浩的。

单位下乡去，通知得急，我却还穿着套装裙子，上车下车不便倒还是其次，偏偏下了小雨，路滑得像倒了油，我虽然已经足够小心翼翼，还是避免不了意外的摔倒。

沈浩穿了前一天下乡时的迷彩服，冷硬的面料在接住我时硌得我生痛，却又有暖意透过冷硬的衣服传来，我定了心神看着这个单位里新来的小伙子，表情有说不出的认真与担心，一片粉红色的桃花花瓣，大约是穿过桃林时落在他被春雨打湿的黑发上的，妖娆美好地衬托着他青春帅气的脸。我不知怎么的，便伸出手来帮他拿掉了那片桃花，明显地感觉他在我腰上的手紧了那么一下，接着看到他红了脸，“何主任，小心点。”

我笑着说“谢谢”，站好，低头理了理上衣，微笑。原来，这世上还有会脸红的男人。

似是而非的暧昧，说起来很俗气。可我也只是想想，沈浩才大学毕业，还是个孩子呢。

也只是个孩子，再感觉美好的开始又如何。

现实总是渗透着无处不在的苍白。

2

离婚后我开始害怕五一、十一这样的长假，总觉得日子漫长得有些不太像话，若是呆在单位，也没有什么事情要做，出去旅游吧，总感觉自己一个人，跟团也好，自助也好，都像个傻子。

我唯一的选择，就是回郑州陪父母睡大觉。

遇见沈浩站在拐弯处等车，我为要不要停车打个招呼而犹豫，当我不由自主地摇下车窗，半探出头问他要不要我送他一程时，我简直要为自己的大胆而耳热心跳。

沈浩是笑着上车的。这让我顿时也让自己坦荡起来，既是同事，同行一程又何妨。

但有些事情，在一开始，便会一直往它要发展的方向延伸，只是过程的不同而已，非人力能够扭转。

途经一个小镇，沈浩要下车，说要回家看一下父母再回城里。才要停车，大雨滂沱。

沈浩笑了笑，说："你看，我不留你，天留。"

雨一直不停，沈家两老听说我是他的同事，做了很是丰盛的晚饭。饭后两老便到楼下打麻将去了。沈浩端着茶进屋的时候，我正拿着他的毕业照片看，一转身嘴唇正好擦过沈浩靠得太近的脸。

茶的香味很轻，也很暖，像这暧昧来得这样及时，不迟不早，刚刚好。

年轻男人急切而热情的吻对于成熟女人是一支强力的催情剂。沈浩的吻，甚至还不算太熟练，但就是这种不熟练的吻，让我全身都颤抖起来，仿佛身上的每一个细胞都在拼命地呐喊，拼命地挣脱我仅存的那点微不足道的意志。女人终究是相信感觉的动物，我虽然老而弥坚，但我已经很久没有被爱。我吻回去，吻他的嘴唇，身体，一次又一次，听他尖厉地喘息，我开始放纵自己的饥饿。

欲望是一件足以引诱女人的华丽内衣，我穿上了，就不想脱。

雨小一些的时候，是 11 点半了，我穿好衣服，执意要回去。下楼梯的时候，刚巧遇上沈家两老上楼，我脸上一热，拒绝了他们的挽留。

坐进车里，我终于清醒，想哭，找不出哭的理由，我的身体仿佛还在刚才的快乐里不能出来。我竟已经变得这样堕落，和一个没有任何了解、比我小了近10岁的男人上床。

我狠狠拧了自己的大腿一下，疼痛难当，我忍着，就当是惩罚自己。

打开了车灯，清晰的灯光里却看到沈浩在车前，像一株立在风中的树。

也不记得他是怎么上的车，沈浩的手放在我的大腿上时，我恨不得时空转换，马上便到达目的地。

平日到郑州一个多小时的路程，我竟只用了30分钟。一路上，我和沈浩都没有讲话。我把车开进了一个不太熟悉的宾馆，沈浩十分默契地先下车去开房。

门一关，我的手臂便钩了过去，知道不可能只是一个吻，欲望便更加放纵了些。东方既白，沈浩还在吻我的锁骨，他说："你一如我第一次见时想象的美丽，我只嫌这夜太短。"

他真会讨好我，我33岁了，眼角的皱纹无论如何也遮挡不住，怎么可能美丽得让25岁的他把持不住。

可是，我仍听得高兴。有哪个女人不爱听情话？

3

第二天，我们干脆一起去了西安，火车与飞机我都疑心会遇上什么熟识的人，选择了自己开车去。沈浩放好行李坐进来，伸出手指来钩我的手，我赶紧抽出来，他却不肯放弃，干脆一把捉住，头靠在椅背上，假装睡着了。他的眉毛长得真好，清秀而浓密，年轻得让人妒忌。

七天，因为太过快乐，记不得看过什么古迹名胜，只觉得时光实在太短，都不足以记录我在沈浩身下的婉转吟哦。

欢情十分美好，我都快忘记了时间。第八天一早才回到单位停车场，沈浩下车时却还伸过头来吻我的脸，我慌得四处看，所幸，是大早，四周寂如旷野。

沈浩哧地一声笑，说："看什么呢，这我未娶你未嫁的。"

我嗔怪地甩开他探过来的手，"注意点。"

他又笑，"是，何主任。"

我便不笑了。一句何主任，所有梦境烟消云散，大家一起回归黑白现实。

我以为，真的只是一场欢情而已。可沈浩的电话一来，我仍忍不住要出去，自然还是直接上床。我有时问自己，你 33 岁了，离了婚了，怎么敢这样放荡不羁？有时却又对自己说：凭什么女人就不能喜欢年轻美貌的男人？

就这样一边矛盾，一边享受着沈浩给我带来的激情。

都说，爱情顺利性事美满的男女，外人一眼便能看出来。更不用说，我所在的机关办公室里的那些每日以研究男女绯闻为正事的三姑六婆们。

这日回到办公室，办事员小宁说："真羡慕何主任，皮肤竟然能比我们还好，白里透红的。"

就当她是恭维我。我看深蓝玻璃窗里映出的自己的脸，仿佛真的滋润许多。

"天生的姿色，你再怎么打扮也是比不上的。"另一个办事员梁姐如是说。我想说些什么，手机响了，是沈浩，他压低了声音讲："宝宝，今晚留给我，我想和你吃饭。"

我"喂"了一声，便不知道要怎么应了。沈浩太肆无忌惮，对我的称呼由"何主任"统一改成了"莲"或者"宝宝"。听得我身体都要随着耳根子软掉。

想想都有点可笑，一个比自己小了8岁的男子叫自己宝宝，而自己居然还觉得很是受用。

传说中的爱情是早已经不相信了的，想当初自己和杨光杰也是海誓山盟肉麻到死，结果还不是以他的出轨暗淡收场。

心念一动，便顺口说："今晚有事。"挂了电话，看到小宁抿着嘴在笑，"何主任最近是不是谈恋爱，真变漂亮了。"

我心里忽然生出讲不明的尴尬，笑了笑，出了门。

几可想象，我一走后，梁姐便要对小宁说："幸福什么呀，还不是四处勾搭。"

上周末，我与沈浩开了老远的车到乡下一家家庭菜馆吃饭，一路已经小心又小心，但却还是遇上了去走亲戚的梁姐，沈浩倒是好，也不避讳些放开拉我的手，还大大方方地和梁姐打了个招呼，再回到单位便明朗化了，到我宿舍找我，不许我去吃食堂，每天做饭给我吃，饭后还会拉我去散步。

可任你多坦荡，还是跨不去8年差距这个坎儿，这段不伦之恋被长舌妇们炒了两个月了，还是她们茶余饭后的不变主题。

4

虽说，郑州与这县城相离甚远，可谣言是不避讳距离的。都是同系统的部门，我与沈浩一起的事，想必也传到了他的耳朵里。杨光杰打了好几次电话给我，暗示我要注意影响。又说，而今年轻男孩都没什么责任，怕你被欺负。

这挨千刀的男人，搂着23岁小妞的腰，却不许我拉着25岁男人的手。凭什么他自己说想与一个二十出头的女孩再婚说得面不改色，而我就注定被年轻男孩欺负？

晚上，我赌着气给沈浩开了房门，然后便是床上的痴缠，他精力真是好，没日没夜的，像单位那些暧昧的流言一样长盛不衰。

只是，不知是长情还是欢情。

沈浩问我："你是爱我的激情，还是爱我的爱情？"

我说："我与你，有爱情吗？"

沈浩没有答我，他的眼神忽然暗淡。我忽然也觉得自尊受损，心里凉得可怕。

半夜，沈浩便走了。第二天，我出差，连招呼也没跟他打。

我出差几天，沈浩原本从不间断的电话与短信悄无声息。

我很勉强，才从被一个男人围绕的落差中适应过来，安慰自己说，原本就没有爱情，现在只是激情不再而已。

回到单位，亦不见他，同事说，他请事假一个月。

再过几天，我忽然接到调职通知，调回市里去。杨光杰打电话来说，他自己想想挺对我不住，还是调我回市里。我气得挂了电话，离婚时把我甩到这里，现在又把我调回去，他一个奔四的大男人，为了一个小女孩儿，不惜把前妻当猴子一般耍玩。

可调令仍是下来了，要走的时候，沈浩还没有销假上班。或者，激情真的已经到头了。这样想的时候，我的心空荡荡的。

刚刚回到市里，父母便命我去相亲。

去了，无果。我总想起沈浩的好。总有那么一些不甘，怎么说这都是一场有美好开始的相遇，过程也美妙得让我想起便红了脸地微笑。

只可惜，他是年轻男子，激情来得容易，也走得容易。

早上单位的女孩子悄悄地对我说："何主任，你肤色有些差哦。"

没来由地落寞。

我想沈浩了。身体和心灵，都一样。

在楼下见着沈浩站在路灯下的时候，差点儿没认出来。瘦了许多，平时刮得干净的下巴竟然胡子拉碴。听到他叫道："莲。"我的心没来由地揪了一下。再冷硬不起来，"我以为你再也不会理我。"

沈浩上前抱住我，泪落得像个孩子，"莲，我妈死了。"

我错愕，也不知道要说什么，只来得及用手抱住他的头。

女人的心，总是眷恋着那个给了她身体完美感受的男人的。我只是被他拉入怀抱而已，欲望便从我的呼吸里张狂而至。

他多有力量，如同一只充满了愤怒只懂攻击的兽，一次又一次地进攻，一次又一次地索取。我有一些些的晕眩，只顾得上承接他的激情，可这多美妙，这样的纠缠，完美到极致。

只要这一刻的美妙，管它外面什么流年。

5

那天在厨房里，我洗碗，沈浩站在旁边，一手搂着我，一手把洗好的碗放进消毒柜，末了从碗柜里拿出一支带着晨露的莲花，说："请你嫁给我吧。"

事情往往会朝着结局发展，人只能左右过程。我抿着嘴笑，想上天也算待自己不薄。

婚礼选在与杨光杰的婚礼在同一天举行。我本意并不想，但听说，杨光杰的新夫人坚持要一起举行，说怎么也不能让别人讲她抢了我的丈夫，害我也得不到幸福。

杨光杰与她，还真是一对自以为是的绝配。

沈浩有些犹豫，见我气愤难平，也只能由着我答应了。

新娘休息室里，我对面的她娇媚动人，脸孔身材都没得挑剔，我只得挺直了腰坐着，不想输给她。你有年轻美貌，嫁给一个老男人没有什么可炫耀的，我一个老女人竟然还有25岁的小男人愿意娶我才叫本事。

还有半个小时行礼的时候，外面已经有人说新郎来了。我还听到了沈浩的声音。

对面的美丽新娘忽然站起来，扔下手里的捧花，她提着婚纱跑出门口的样子可真像个逃跑的新娘。

我看着那像极了某部电影里的镜头，没有办法适应这样的事情居然发生在自己身边。

因为这美丽的新娘跑到门口，拉了刚刚进门的新郎便往外跑，这没什么，新郎新娘一起走是很自然的事情，但问题是，她拉的是沈浩，是我的新郎。

于是除了呆站在门口看着这一幕的我，回过神来的所有人都跟着被遗弃的新郎杨光杰追了出去，远远看去，又像极了一出闹剧。

城市里的教堂，多数不会离公路太远，而开车的人，又怎么可能想得到会有一个新娘拉着一个新郎跑到公路中央去。或者因为太过惊讶的关系，或者因为别的什么原因，总之那个惊讶的司机连车都没有刹，就看到那对白色的男女已经倒在路面上，鲜血迅速地染红白纱，触目惊心。悲剧往往都是这样到来，在一切以为的美好里，猝不及防。

我的沈浩，没有再醒过来。那个逃跑的新娘，只受了一点轻伤，她在我面前，哭得花容失色，“对不起，对不起，我也不知道自己为什么会这样做。我知道分手了就代表结束了。我知道是我先决定嫁给别人的。可是我不想他死呀，我真的不想他死呀。”

因为沈浩的死，她内心的伤，也许一世都不会好。

6

早在准备婚礼时，沈浩便对我说起过他的过往恋情，一开始和我在一起只是因为被相恋四年的女友遗弃。那女孩要嫁一个可给她前程的离婚男人。他打算也找个离婚女人结婚了事。后来他母亲的去世，使沈浩决定珍重与我的感情，所以，他向我求婚。

我只是不知道，原来沈浩的前女友就是使我和杨光杰离婚的女孩。自视太高的她，以为用一起举行婚礼向我挑衅，最终却因不能接受前男友与现任丈夫的糟糠之妻，如今居然成为一对，在婚礼前一刻反悔，想拉着沈浩逃出这一局自以为一定会赢的棋。

殊不如，命运这回事，也是有输有赢，悲喜不定，事情往往都是这样向前发展，如果开始就注定有一个狰狞的结局，尽管谁也不愿意接受，但它还是会最终慢慢显现出应该有的狰狞来。

到最后，我仍不知道，沈浩选择与我结婚，到底是气愤于我的前夫杨光杰抢了他相恋四年的女友，还是因为真的对我动了心，又或者，也许一开始时他真的只是想勾引我作为情绪的报复，到后来却认了真。

或者，就像我第一次认识沈浩时他头发上那一片粉红色的桃花瓣诱惑我让我动心一样，沈浩的爱情，不是我的一株桃花，只是一片飘零的粉色桃花瓣。

一个入殓师的隐痛

为了早日完成我的理想，我不断地暗示那些死者的家属，借此敛财，我知道那些人一定在我背后诅咒我，但在小桃面前，我做得滴水不漏。

1

我毕业后找工作找了大半年，工作没找到，却和人才市场负责招聘的那个小妹混熟了。最后她托了一个熟人，把我介绍到一家殡仪馆做工，经过一段时间的培训和技术考核，凭着我大学时的美工底子，我顺利过关。

我的职称上写着入殓师，其实就是殡殓工。运尸、化妆、缝补、火化都是我一个人完成。我记得第一个对象是一个患心脏病死亡的女孩子。当我帮她换衣服时，我真的有股羞涩，怀着一种犯罪的、偷窥似的心理，忐忑不安地解下她的衣服。她发育得很好的身体虽然冰凉，但女人的魅力依然在。我看呆了，她的全身毫无瑕疵，我盯着这具美人尸体，下身本能地起了反应，又快乐又难堪，我只好狠狠地将欲望压下去，目不斜视地继续工作。

由于长期的性压抑和心情紧张，我有一段时间觉得身体很不舒服，为了寻求平衡，我第一次光顾了一间色情场所。当我从里面走出来的时候，我觉得完全解压了，整个身体都像被一场热水冲洗过一样淋漓尽致。

但频频出入这种地方，是需要钱的，我一个月的工资根本负担不起。外人不知道，做我们这一行有个秘诀，有时候有些人因为横祸或意外去世，死时的容貌很难看，亲人希望他走得体面些，就算多花一些钱也愿意。所以他们就会去求助于入殓师，求他们把死者收拾得干净完整，最好能够在追悼会上看起来栩栩如生，我就是靠着这些额外的收入去支撑我隐秘但不光彩的私生活。

有一次，一个死者的家属像平时一样敲响了我宿舍的门，她是个长得很漂亮的女孩子，刚刚大学毕业，她说上午刚刚送到殡仪馆02号的是她父亲。我知道那个男人是被车撞死的，他送来的时候身体已经破碎了，很恐怖，按规矩我只需要收拾的看得过去就可以。但女孩说她的父亲是个完美主义者，一辈子都注意形象，她掏出一张相片，希望我按着相片上的样子帮她父亲化妆，尽量还原他的本貌。

我看见这个女孩子一副楚楚动人的样子，我心就软了，暗示她必须额外给红包的那些话，也就说不出来，于是我义务帮了她的忙。

没想到这件事之后，我却和这个叫张小妃的女孩子成了朋友。原来她知道我们这行的规矩，可我没有向她要红包，她觉得我是个正义感很强的男人，于是她把她一个要好的女同学介绍给了我。她就是小桃。

小桃没有她长得漂亮，但是很可爱，她对死亡和尸体有种天生的畏惧，所以觉得我伟大，她向她家人形容我的工作是为那些死去的人留下人生最后的美丽，她妈妈骂她白痴。她们不允许她再和一个一天到晚都跟死人打交道的男人谈恋爱。

小桃很勇敢，一般刚出校门的女孩子，对爱情都有一股固执的劲，小桃也不例外，最后她选择了和我在一起。我知道，如果她受过社会这个大染缸的熏陶，她就会变得和其他人一样，我还记得有一次我去喝同学的喜酒，明明同学中有一桌还有几个位置空出的，同学却把我带到靠近洗手间的一桌，和他乡下的几个亲戚坐在一起。我远远看见他们谈笑风生，我知道，在这样的场合，没人会欢迎我这个整天和死人接触、身上带有晦气的人。我必须在小桃还没来得及改变之前，就把她娶回家。

可是要娶她，就必须要有一笔钱买房子。

2

为了早日完成我的理想，我不断地暗示那些死者的家属，借此敛财，我知道那些人一定在我背后诅咒我，但在小桃面前，我做得滴水不漏，我一边享受着她的膜拜，一边违背我的职业道德，为我理想中的居所筹谋积蓄。

我有时候也会迷惑，我的做法与我当初的人生观是相悖而向的，但我周围的同事都这样做，如果我不做，我就是个另类，我相信很快我就会丢掉这份并不算体面的工作。对于一个从小吃苦长大的男人来说，没什么比安稳生活更重要。

直到有一次，改变我命运的机会来了，一个被车撞死的男人推进了太平间。我像平时一样将他收拾好放进了冷藏库。

晚上我吃饭的时候，一个上了点年纪但仪态高贵的女人找到我，她说她叫张莲，是今天车祸死去男人的妻子。我知道她有求于我，于是我放松地坐到沙发上。

张莲说家丑不可外扬，可这件事，她真的很想我帮忙。她说她老公是个房地产商人，事业成功后像所有半途发财的人一样，在外面包了个情人。她丈夫临终前吩咐身后事交给他的情人去办。她知道那个女人准备把自己穿过的衣物和他放在一起火化，寓意生死与共，她说人争一口气佛争一炷香，这口气我咽不下，只要你帮我偷梁换柱，办妥了这件事，事成后我会给你满意的报酬。

我不动声色地瞟了她一眼，她看起来像是个被妒忌折磨得快要疯掉的女人。我说我好好想想吧。

我在大学的时候就非常有经济头脑，我在想如果我仅仅只是收了她的钱，那也只不过是一笔，但假如我把这个消息卖给那个情人，她会不会也给我一笔钱？既然她把钱说得视若无物，那做情人的，不多不少也会有些积蓄，说不定会比她还

设法拿到了那个情人的电话。其实也不难，因

为这个车祸去世的男人身边所有人都知道有这个女人的存在。

我把这个叫李媚的女人约了出来。在我的想象中，情人应该会比妻子更年轻更漂亮，可李媚长得竟是一般，但是她的身上有一种安稳的气场。面对着这样一个进退有序的女孩子，我很难提个钱字。后来我们吃饭的途中喝了点酒，酒精的分量不重，可我觉得头热烘烘的，因为她吃着吃着就把胸前的两颗纽扣给解开了，胸口里那抹欲隐欲现的白，无限度地刺激着我的视觉神经，在她把我扶到沙发上而又不经意地碰到我的隐私部分时，我长期被压抑的情欲，在这一刻像山洪暴发。我觉得一个人变质是有前提的，就好像是一只蛋，在合适的温度下它会孵化成一只鸡，可是如果把它丢在马路上或水沟里，它很快就腐烂。我也一样，她的暧昧态度放纵了我的天性，她虽然没有任何主动，可是她的眼神、态度、表情，都在告诉我：你可以为所欲为，没有人会阻挡你。试问任何一个男人在这样的氛围里会忍得住不动心。最后的结果是我把她扑在了那张半米宽的沙发上。她没有挣扎，顺从地把剩下的扣子解开，我缓慢地攀爬上她的身体，从上至下，由浅至深，一切都很从容，没有特别令人回味的高潮，但也不扫兴，最后我疲倦地趴在她身上睡了一会，她推开我，自己穿上衣服，留下一张小小的纸条，就走掉了。

纸条上写，她的情人没留给她多少钱，她和他在一起，完全是出于爱。她能给我的就只是这些，她求我务必要把她的衣物和情人的一起火化。这是她唯一的心愿。

我本来也想完成她的心愿，可是张莲派去的人一直在由头至尾在旁边监看，我没有机会下手，我叹口气，受人钱财替人消灾，她付出的只不过是一夜春宵，而张莲付出的是真金白银，我把李媚给我的衣物扔在了垃圾桶里。

3

我很快就忘记了这件事。首付了8万块在市中心供了一个两房一厅，又给了一笔让小桃母亲满意的彩礼，她们全家都来参加我们的婚礼，小桃很开心，新婚之夜，小桃像个孩子似的粘在我身上不肯下来，我筋疲力尽地看着床单上几滴鲜红的图案，感动莫名，我向小桃发誓，这一辈子我会好好照顾她：她生气，我会哄她开心；她生病，我会喂她药；她走不动了，我背她，一直背到我走不动为止。

我发誓的时候是真心的。

我不知道老天爷是不是存心玩我，结婚后没多久，小桃在超市里买东西的时候无端晕倒，她的同事送她去医院，一检查，却是艾滋病。

我捏着化验单，眼前一片模糊，我心痛小桃得了这种该死的绝症，可我又不能不怀疑她得病的原因，小桃明明是处女，为什么会患上艾滋病，听说艾滋病传染的最大可能是性传播，难道她是山寨过的？

可能事发突然，我完全接受不了，一时激动就和她吵了起来，我要她交代她没认识我之前究竟有几个男朋友，她泪流满面，很生气地把我从病房里赶了出来。

我回家想了又想，觉得不妥，我和小桃是夫妻，如果她得了艾滋，那我不是有很大的机会被传染？

我夜不能寐，第二天天还没有亮就去了医院，凌晨7点半，一直等到9点整医生上班。我是第一个进去的，在我出来的时候我不经意地扫了一眼，我看见旁边排号看诊的椅子里，坐着一个眼熟的女人，她形销骨骇地坐在椅子上，戴着一顶白色的帽子。她嘲笑般地看我两眼，那两眼看得我魂飞魄散。她不就是李媚吗？她来传染病科，又病成这样，难免让我想起那晚免费的春宵，我抽了一口冷气，有气无力地跌坐在她旁边，她扫了一眼我的验血单，似笑非笑地说："你有话问我？"

还用问吗，小桃这么纯洁的女孩子，是不可能骗我的，要骗也只能是我骗她。一定是那晚的免费春宵。

我狠狠地盯了她一眼，李媚笑了笑，说："如果你守承诺，可能我还会把这个秘密告诉你，让你防范，可是你没有，我在垃圾桶里找到了我交给你的东西。所以我没有内疚，我没看错你，你是个小人，不值得我可怜。谁摊上了你，活该谁倒霉。"

这个时候，我根本没有心思跟她辩谁对谁错，我脑海里唯一剩下的念头，就是我要死了。

在灯光下我抚摸着自己的身体，它依然强壮，还没有病发的先兆，我想是因为我免疫力比小桃要好的原因，但我很快就会变瘦，变老，脱发，动不动就发烧，昏迷，最后变成一堆白骨，我忍受不了那种折磨，我越往下想越万念俱灰，反正迟早都要死，与其要受这种折磨，不如早点走，省下些钱给小桃治病。想到小桃，我的心裂开似的痛，她多么无辜，到死依然相信我是那个神圣得像天使一样的男人。

我留下一封忏悔信，和我所有的钱，然后我喝了半瓶洗洁精，打开了煤气。肚子和喉咙一阵翻江倒海，然后眼前一黑，我就晕过去了。

4

结果我没死成。邻居闻到浓烈的煤气味，报了警，警察破门把我救了。娇俏的小护士站在我旁边说，医生帮我洗过胃，检查过，除了肺部有些毒气还没有消除，身体基本上没大碍。

我有气无力地瞪她一眼，难道患了艾滋病也算无大碍吗？

小护士说你真爱开玩笑。说完瞟了瞟门外站着的女孩，悄声问："你女朋友啊？"

小桃扶着墙壁站在门口，她的手里捏着我那份"遗嘱"。眼睛鼻子都红得不成样子。小桃告诉我，她的艾滋病与我无关，是她有一次在街上救了一个被车撞伤的吸毒男孩，不小心被他抓伤，病就是从他那里传染的。

我暗暗松了口气，但我猜她应该是看到了我的化验单然后跟我开的玩笑。

我问小桃，是不是对我很失望。小桃摇摇头说，不，她反而觉得很幸运，因为我没有被感染，在死神面前，所有的错都可以被原谅。

小桃在两个月后就走了，是我亲手送她走的，我给她化了一个妆，很漂亮，她看起来就像是睡着一样，张小妃趴在她身上哭得晕了过去，她开追悼会那天，很多人来送她，包括那个被她救了的男孩的亲属，小桃是个勇敢的女人，到死那天，她都没有抱怨过半句。

剩下我，不知道该怎么活，才能让小桃在九泉之下含笑。私